한국의 불상

고구려·백제·신라 편

* 이 저서는 2022년도 용인대학교 학술연구조성비 재원으로 수행된 연구임.

韓國佛像新論 高句麗·百濟·新羅 編

한국의 불상

고구려·백제·신라 편

배 재 호

경인문화사

한국 불상을 연구하며

　　국립중앙박물관 미술부와 불교조각실은 나의 한국 불상 연구의 출발점이다. 박물관에 처음 출근하던 1988년 9월, 경복궁 내 옛 조선총독부 건물 2층에 있던 불교조각실에서 일명 "광주 철불"을 처음 본 기억은 아직도 생생하게 남아 있다. 지금은 나에게 가장 친근한 불상이 되었지만, 어두운 조명 아래 앉아 있던 검고 거대한 불상은 감히 범접할 수 없는 두려움의 대상이었다. 이후 불교조각실을 담당하면서 매주 월요일마다 한국 불상들을 조사하기 시작하였다. 당시 미술부에는 강우방 선생님과 곽동석 선배, 민병찬 동학이 있어서 불상 공부에 적지 않은 도움을 받을 수 있었다. 불교조각실의 불상들이 한국 불상의 전체적인 흐름을 보여 주는 완벽한 자료는 아니지만, 고대 금동불의 양식적 전개와 불상의 역사적 질감을 공부하는데 많은 도움을 주었다.

　　한국 불상의 이론적 체계는 홍익대학교 대학원에서 은사 김리나 선생님을 만나면서 정립되기 시작하였다. 특히 한국 고대 불상과 그것이 지닌 국제적인 성향에 주목한 선생님의 논문들을 분석하면서 연구방법론 따라하기를 끊임없이 반복하였다. 이와 같이 나는 불상 연구의 기본이자 가장 중요한 훈련인 관찰력과 표현력을 박물관과 대학원에서 배웠다. 그런데 지금까지 쓴 나의 불상 관련 논문 중 상당수는 도상이나 도상학적 배경에 집중되어 있다. 이는 불상의 도상학적 연구를 강조했던 대만臺灣대학 옌젠잉(顔娟英) 선생님의 지도에 힘입은 바가 크다. 그나마 내가 불상 연구의 기본인 양식적·도상적 고찰이 가능했던 것은 선생님들의 연구를 조금이라도 따라할 수 있었기 때문이다.

　　한국 불상의 전성기는 통일신라시대 8세기와 조선시대 17세기라고 볼 수 있다. 8세기가 질적인 전성기라면, 17세기는 양적인 전성기이다. 불상 연구자로서 항상 감사한 것은 두 시기의 불상을 모두 직접적으로 다뤄 볼 수 있는 기회가 많았다는 점이다. 대학원에서 집중적으로 공부한 8세기 불상과 최근 10여년 동안 참여한 17세기 불상에 대한 문화재청의 현장 조사는 이 책 저술의 용기를 준 원동력이 되었다.

　어떤 분야든 같겠지만, 불상 연구의 기본은 연구사를 정리하는 것이다. 한국 불상 연구는 이미 양적으로 상당한 수준에 이르렀다. 그러나 불상 조성이 불교 신앙, 교학, 사상과 밀접하게 관련되기 때문에 기존의 연구가 한국불교사나 한국불교사상사의 견지에서도 논리적인 설득력을 지니는지를 살펴볼 필요가 있었다. 이러한 과정에서 기존 연구 중 일부분이 모순된다는 것이 확인되었고, 이를 바로 잡기 위한 불교사나 불교사상사에 대한 별도의 공부가 필요하였다. 이 부분에 대해서는 최병헌 선생님과 해주 스님의 지도를 받았다. 또한 최근 중국에서 조형적·도상적으로 한국 불상과 닮은 불상들이 새로 발견됨에 따라 한국 불상에 미친 중국의 영향을 다시 점검할 필요가 있었다.

　나는 "학문의 바다에는 물가가 없으니 부지런히 노를 저어라(學海無涯勤作舟)"는 가르침을 가지고 지금까지 불상을 연구해 왔다. 이는 1996년에 내가 번역하고 경인문화사에서 출판한 『중국석굴과 문화예술』의 저자 온위청(溫玉成) 선생님이 출판사의 초청으로 우리나라에 왔을 때 나에게 권한 글귀이다. 이러한 가르침을 실천하는 과정에서 지금까지 경인문화사에서 몇 권의 불상 관련 책을 출간할 수 있었다. 한정희 대표님과 출판사 관계자께 감사하는 마음이다. 사실 책을 쓴다는 것은 쉬운 일이 아니며, 이 책과 같이 적절한 도판 선택이 필요한 미술사 관련 책은 더더욱 출간하기 어렵다. 이러한 고민을 묵묵히 옆에서 함께 해 준 제자 김세영에게 고마움을 전한다. 또한 귀한 사진 자료를 제공해 준 제자 김민규 박사와 책의 이미지에 어울리는 표지 디자인을 맡아 주신 (주)원에스원 허윤정 대표님께도 감사함을 표한다.

2023년 봄, 연구실에서

목차

1

불상의 출현과 한국 불상

1. 불상의 출현

"진짜 모습은 형체가 없고 법신法身은 무상無相하니 형체로는 불佛을 구求할 수가 없다. 그러함에도 고해苦海의 미혹한 윤리倫理와 번뇌煩惱의 고통에서 괴로워하는 중생들을 구제하기 위해 형상을 만드는 의식을 행하고 있다"[01]

경상북도 상주尚州의 남장사南長寺 관음선원에 있는 관음보살좌상을 조선시대 1701년에 중수하면서 쓴 발원문發願文의 일부로, 불상 조성의 이유를 밝히고 있다.

고타마 싯다르타Gautama Siddhārtha[02]는 서기전 565년에 카필라바스투Kapilavastu(가비라迦毘羅)국國의 태자로 태어났다. 갓 태어난 태자를 본 아시타Asita 선인仙人은 아버지 숫도다나Suddhodana왕(정반왕淨飯王)의 대를 이어 미래에 전륜성왕轉輪聖王이 되거나 정신적인 지도자가 될 것이라고 예언한다.[03] 태

---

01 [尚州西露陰山南長禪刹金堂重脩觀音尊相伏(腹)藏願文]: "噫眞體無形法身無相不可以形相求佛也然而將欲齊苦海之迷倫救火宅之苦類須形像設之儀式也⋯".

02 고타마Gautama(구담瞿曇)는 "흰 소"를, 싯다르타Siddhārtha(실달다悉達多)는 "목적에 도달한다"는 뜻이다. 석가모니불의 일생에 대해서는 다음을 참고하기 바란다. 배재호, 『나의 불교미술 이야기』(파주: 종이와 나무, 2019), pp. 14~99.

03 삼국시대 불상 중에는 전륜성왕의 성격을 갖춘 예가 지금까지 확인되지 않으나, 전륜성왕에 대한 인식은 백제와 신라에서 6세 중엽에 이미 나타난다. 즉 백제의 성왕聖王 (523~554 재위), 신라 진흥왕眞興王(540~576 재위)의 장남 동륜銅輪과 차남 사륜舍輪 (금륜金輪, 진지왕眞智王)의 이름에서 전륜성왕의 관념이 들어 있음을 확인할 수 있다.

산치Sāñcī 제1탑, 서기전 3세기~후 1세기, 인도 마디아 프라데시Madhya Pradesh주州

자는 누구나 생로병사生老病死의 굴레에서 벗어나지 못한다는 것에 회의를 느끼고 29세에 출가한다. 고행苦行, 선정禪定, 명상瞑想 등 6년 동안 수행한 결과, 35세에 깨달음을 이루어 석가모니불(석가모니 붓다, Śākyamuni Buddha)이 된다.[04] 그리고 열반하던 서기전 486년까지 45년간 사람들에게 가르침을 펼친다.[05]

---

04 샤키야Śākya(석가釋迦)는 종족 이름이며, 모니muni(모니牟尼)는 "성자聖者"라는 뜻으로, 샤키야모니(석가모니)는 "석가족 출신의 성자"를 의미한다. 샤키야모니는 중국에서 "釋迦牟尼쓰쟈무니"와 "釋迦文쓰쟈원"으로 음역되었다. 붓다Buddha(불)는 "깨달은 자"를 뜻하며, 중국에서 "佛푸워"과 "佛陀푸워퉈"로 음역되었으며, "석존釋尊", "세존世尊(Bhagavat)", "여래如來(Tathāgata)" 등으로 의역되었다. 석가모니불은 고타마 싯다르타 태자의 대표적인 이력인 석가모니와 불이 합쳐진 명사이다.

05 석가모니불의 생몰 연대에 대해서는 여러 가지 설이 있다. 불교미술사에서는 중국 수隋의 비장방費長房이 엮은 『역대삼보기歷代三寶紀』에 근거하여 서기전 565년에 태어나 서기전 486년에 열반한 것으로 본다.

도리천忉利天에서 내려 오는 장면, 산치 제1탑 북문 서쪽 기둥 정면

석가모니불이 깨달음을 이룬 후, 돌아가신 어머니 마야摩耶부인을 위하여 도리천에 올라가 3개월 동안 설법한 뒤 다시 인간 세상으로 내려오는 장면이다. 인간 세상과 도리천 사이에는 보계寶階가 놓여 있는데, 보계 위아래에는 불佛을 대신하여 보리수菩提樹가 표현되어 있다.

석가모니불은 열반에 들면서 제자들에게 자신의 모습을 만들지 말라고 당부한다. 불상은 그의 진정한 모습을 나타낼 수 없는 허상虛像에 불과하기 때문이었다. 제자들은 석가모니불의 이러한 당부를 열반 후 약 500년간 지켰는데, 이 기간에는 석가모니불의 깨달음을 상징하는 보리수菩提樹, 설법을 뜻하는 법륜法輪(수레바퀴), 열반을 의미하는 사라쌍수娑羅雙樹가 불상을 대신하여

예배의 대상으로 표현되었다.[06]

　1세기 무렵, 불신관佛身觀(불신 표현에 대한 관념)이 바뀌면서 불佛의 모습인 불상佛像(佛相)을 만들기 시작한다.[07] 그러나 이들 불상이 석가모니불과 실제

06　불상 표현이 없던 이 기간을 무불상無佛像시대 혹은 무불상 표현의 시대라고 한다. 이와 관련해서는 다음을 참조하였다. 이주형, 『간다라 미술』(서울: 사계절, 2003), pp. 79~84; Robert DeCaroli, *Image Problems:The Origin and Development of the Buddha's Image in Early South Asia*, Seattle: University of Washington Press, 2015, pp. 26~28; 김혜원, 「인도의 초기 불상-오랜 역사의 시작」, 『고대불교조각대전』(국립중앙박물관, 2015), pp. 20~22.

07　불상재佛像材(불상 재료)에 관한 최초의 기록은 『증일아함경』에서 확인된다(『增一阿含經』 권제28, 『大正新修大藏經』(이하 T.라고 함) 2册, No. 125, p. 706상: "…是時優塡王卽 以牛頭栴檀作如來形像高五尺…".). 코샴비Kausambi국의 우다야나Udayana왕(우전왕優 塡王)은 전단목栴檀木으로 불상을 조성하였고, 코살라Kosala국 쉬라바스티Śrāvastī 성(사위성舍衛城)의 프라세나지트Prasenajit왕(파사닉왕波斯匿王)은 황금으로 불상을 만들었다고 한다. 이들 기록은 시간적인 배경이 아직 불상이 조성되지 않던 무불상시대이기 때문에 설화적이라고 볼 수 있다. 우리나라에서는 지금까지 그 유례가 발견된 적이 없지만, 인도와 중국에서는 이 경전에 근거하여 우전왕상優塡王像(우전왕이 만든 석가모니불상)이 조성되었다. 중국의 가장 이른 예는 양 무제梁武帝(502~549 재위) 때에 조성된 우전왕상이다(『續高僧傳』 권제29, 唐楊州長樂寺釋住力傳, T. 50, No. 2060, p. 695 상.). 중국의 우전왕상은 허난성(河南省) 뤄양(洛陽)의 용문龍門석굴에서 70여 존이, 허난성 공현鞏縣석굴에서 몇 존이 확인되어 주로 당의 7세기 후반에 뤄양과 그 주변 지역에서 조성되었음을 알 수 있다. 중국의 우전왕상에 대해서는 다음을 참조하였다. 李文生, 「我國石窟中的優塡王造像-龍門石窟優塡王造像之早之多爲全國石窟之最-」, 『中原文物』 1985-4, pp. 102~106; 松原三郎, 「初唐彫刻と印度- 特に優塡王像造像を中心として-」, 『佛敎美術における「インド」風について-彫刻を中心に-』, 佛敎美術硏究上野記念財團助成硏究會報告書 14(1986), pp. 11~13; 肥田路美, 「初唐時代における優塡王像-玄奘の釋迦像請來とその受容の一相」, 『美術史』 120(1986), pp. 81~94; Martha L. Carter, "The Mystery of the Udayana Buddha," *Annali*, vol.50(Istituto Universitario Orientale, Napoli, 1990), pp. 1~43; 배진달(배재호), 『唐代佛敎彫刻』(서울: 一志社, 2003), pp. 207~215. 그런데 우전왕상에 대한 중국 측의 기록에는 다소 혼선이 있다. 즉 『고승법현전』에서는 법현法顯이 코살라국 쉬라바스티성의 기원정사祇園精舍(Jetavana)에서 프라세나지트왕이 만든 전단상을 친견했다고 하지만(『高僧法顯傳一卷』, T. 51, No. 2085, p. 860중: "…波斯匿王思見佛卽刻牛頭栴檀作佛像置佛坐…".), 『대당서역기』에서는 프라세나지트왕이 코

로 닮았는지는 알 수가 없다. 불상 조성이 시작되던 당시엔 석가모니불은 물론, 그의 모습에 대한 기억이 거의 사라졌고, 석가모니불의 행적도 전설화된 상태였다. 따라서 초기에 조성된 석가모니불상은 구전口傳되어 오던 석가모니불의 모습과 당시의 인도 조각가들이 생각했던 가장 이상적인 인간상人間像에 기초한 것일 가능성이 높다.

경전에 의하면, 고타마 싯다르타 태자는 룸비니Lumbinī 동산에서 태어날 때부터 초인간적이고 이상적인 모습을 갖추었다고 한다. 보통 사람에게는 없는 32가지의 큰 생김새(대상大相, Lakṣaṇa)와 80가지의 아름다움(종호種好, 여러 특징)을 지녔다.[08] 40개의 치아, 남색의 머리카락, 금색의 피부[09], 정수리의 육계肉髻(Uṣṇīṣa), 미간眉間의 백호白毫(Ūrṇā), 목의 삼도三道(Triṣu mārgeṣu)는 대표적인 예이다.[10]

샴비국의 정사精舍에 봉안되어 있던 출애왕出愛王(우전왕)의 전단상을 생각하고 불상을 조성하였는데, 이 불상은 쉬라바스티의 서다림逝多林(기원祇園)정사에 모셔져 있다고 기록하고 있다(『大唐西域記』 권제12, [瞿薩旦那國], T. 51, No. 2087, p. 946하:"…擬憍賞彌國出愛王思慕如來刻檀寫眞像刻檀佛像一軀通光座高二尺九寸…".).

08   32상 80종호에 대해서는 다음을 참조하였다. 崔完秀, 『佛像研究』(서울: 知識産業社, 1984), pp. 10~31. 실제 불상을 조성할 때는 32상 중에서 제14상 신금색상身金色相(금색의 몸), 제15상 장광상丈光相(몸을 둘러싼 1장 크기의 빛, 광배光背), 제29상 진청안상眞靑眼相(진청색(감청색)의 눈동자), 제31상 정계상頂髻相(상투같이 생긴 정수리, 육계肉髻), 제32상 백호상白毫相(미간에 있는 오른쪽으로 말린 1장 5척 길이의 하얀 털) 등 몇 가지만 반영된다.

09   후한後漢 명제明帝(57~75 재위) 때, 중국에 전래된 서역西域(인도 혹은 중앙아시아)의 불상을 "金人"이라고 기록한 것(『歷代三寶紀』 권제2, T. 49, No. 2034, p. 32상; 『歷代三寶紀』 권제4, p. 49중.)도 석가모니불의 피부색과 관련된다.

10   삼도란 육도윤회六道輪廻의 원인인 삼계三界(욕계欲界, 색계色界, 무색계無色界)의 번뇌를 극복하기 위한 수행 단계를 말하는데, 견도見道, 수도修道, 무학도無學道가 그것이다. 신라 불상의 삼도에 대해서는 다음을 참고하기 바란다. 朴洪國, 「三國末-統一初期 新羅佛像과 三道에 대한 檢討」, 『新羅文化祭學術發表會論文集』 24(동국대학교 신라문화연구소, 2003), pp. 97~115.

불상은 다양한 수인手印(손 모양)으로 자신이 어떤 불佛인지, 무엇을 말하려고 하는지를 표현한다. 수인은 여러 불에 통용되는 통인通印과 특정한 불만이 결하는 별인別印으로 나뉜다. 선정인禪定印(Dhyāna mudrā), 항마촉지인降魔觸地印(Bumisparsa mudrā), 전법륜인轉法輪印(Dharmacakra mudrā, 설법인說法印 Vyākhyāna mudrā), 시무외인施無畏印(Abhaya mudrā)·여원인與願印(Varada mudrā) 등이 통인이며, 비로자나불의 지권인智拳印(BodhaŚrī mudrā), 아미타불의 아미타구품인阿彌陀九品印, 약사불의 약기藥器를 지닌 지인持印 등이 별인이다.

불상은 양쪽 어깨를 모두 가린 통견通肩 방식이나 오른쪽 어깨를 노출하고 왼쪽 어깨만 가린 편단우견偏袒右肩 방식으로 법의法衣를 입는다. 통견 방식으로 착용할 때 가슴 중앙에서부터 U자 모양을 이루며 흘러내리는 법의 주름을 밭고랑의 모습(상相), 즉 복을 일구는 밭인 복전福田의 상징으로 본다. 경전에 의하면, 국왕으로부터 먹을 것을 받을 때, 마을에서 걸식할 때, 좌선坐禪하거나 경전을 외울 때, 나무 밑을 거닐 때 통견 방식으로 법의를 입으며, 석가모니불과 스승에게 질문할 때, 자리를 정돈하는 등 오른손의 놀림을 편하게 할 필요가 있을 때 편단우견 방식으로 착용한다고 한다. 한편 편단우견 방식의 착의법은 중국에서 상주喪主가 유교식 장례법에 따라 오른쪽이나 왼쪽 어깨를 드러내고 상복喪服을 입던 것과 별반 차이가 없었기 때문에 유학자들에 의해 비판을 받기도 하였다. 사문沙門(승려)들이 상복과 같이 한쪽 어깨를 드러내며 단복袒服 방식으로 법의를 입는 것에 대한 유학자와 승려 간의 논쟁, 즉 사문단복론沙門袒服論이 그것이다.[11]

한편 불상의 개념 속에는 불신佛身 외에 몸에서 나오는 빛을 표현한 광배光背, 딛고 서 있거나 앉기 위한 대좌臺座도 포함된다. 불신을 에워싸고 있는 광배는 석가모니불이 탄생할 때부터 열반할 때까지 몸에서 나툰 일정한 크기

---

11 『弘明集』 권제5, T. 52, No. 2102, pp. 27중~33상.

통견식 착의법

편단우견식 착의법

석조불좌상, 쿠샨시대 1~2세기, 높이 52cm,
독일 베를린 아시아미술관

석조불좌상, 쿠샨시대 2~3세기, 높이 75cm,
파키스탄 페샤와르박물관

의 빛인 상광常光을 표현한 것이다.[12] 빛은 발 아래, 무릎, 음장陰藏(성기), 배꼽,
가슴의 중심, 양 손, 머리, 입, 혀, 백호白毫, 모공毛孔으로부터 나오며, 석가모
니불이 설법하거나 기적을 일으킬 때 훨씬 커진다고 한다. 석가모니불은 제자
들에게 가르침을 말씀이 아닌 빛으로 전하였는데, 이를 광명설법光明說法이라
고 하며, 그 표현이 광배이다. 따라서 광배는 메시지를 전달하는 수인 만큼 사
람들에게 매우 중요한 의미를 지닌다.

　　대좌는 고타마 싯다르타 태자가 룸비니 동산에서 태어나 동남서북 방향

12　배진달(배재호), 「敦煌 莫高窟 編年 試論-佛光 形式을 中心으로-」, 『美術資料』 65(국립
　　중앙박물관 미술부, 2000), pp. 63~67.

으로 일곱 발자국을 걸을 때마다 피
었다는 연꽃과 보드가야Bodh Gayā(불
타가야佛陀伽倻)의 보리수菩提樹 아래에
서 깨달음을 이룰 때 깔고 앉았던 길상
초吉祥草(Kusa)를 그 기원으로 볼 수 있
다. 그러나 이후에 정립된 불교 세계
관世界觀을 통하여 볼 때, 대좌는 수메
루Sumeru(수미須彌)산의 상징적인 표현
임을 알 수 있다. 『대방광불화엄경大
方廣佛華嚴經』은 깨달음을 이룬 불(붓다)
과 그 불이 계시는 연화장세계蓮華藏世
界가 어떤 모습인지를 설명하고 있다.
막 깨달음을 이룬 석가모니불이 삼매

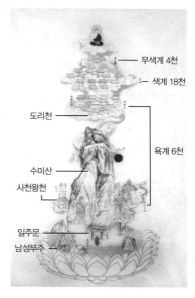

연화장세계도, 현승조 그림(2018)

三昧 속에서 펼쳐 보였던 연화장세계의 중심에는 수미산(수메루산)이 있다고 한
다.[13] 또한 『대반열반경大般涅槃經』에 의하면, 석가모니불은 열반 후 수미산 중
턱부터 시작되는 28개의 천상天上 세계를 지나 더 이상 윤회輪廻하지 않는 해
탈解脫의 경지로 올라갔다고 한다.[14] 불상의 대좌를 수미좌라고 하는 것도 석
가모니불이 수미산 위의 천상 세계에 있기 때문이다. 때로는 대좌 중대中臺에
사천왕상四天王像을 새겨 넣어 이곳이 수미산 중턱에 있는 사천왕천四天王天 임
을 암묵적으로 나타내기도 한다. 한편 천상 세계의 동남서북 방향에는 또다른
천상 세계(정토淨土)가 있는데, 동쪽에 있는 약사불藥師佛의 동방유리광정토東

---

13 배진달(배재호), 『연화장세계의 도상학』(서울: 一志社, 2011), pp. 7~25.

14 우리나라의 열반상에 대해서는 다음을 참고하였다. 배진달(배재호), 「羅末麗初 金銅線
刻涅槃變相板 研究」, 『丹豪文化研究』 2(용인대학교 전통문화연구소, 1998), pp. 9~47.

方瑠璃光淨土와 서쪽에 있는 아미타불 阿彌陀佛의 서방극락정토 西方極樂淨土는 대표적인 예이다. 이들 정토도 수미산 위 동쪽과 서쪽에 있어서 약사불상과 아미타불상의 대좌도 광의적 개념의 수미좌라고 볼 수 있다. 대좌가 연꽃으로 장엄되어 있는 것은 수미산 세계가 거대한 연꽃 속에 있다는 연화장세계의 관념과 연관된다. 물론 연꽃이 지닌 청정함의 이미지를 불상에 투영하고자 하는 의도도 포함되어 있다.

불상 조성이 시작되고 석가모니불의 계보 系譜와 관련되는 경전이 찬술되면서 과거칠불 過去七佛과[15] 현겁천불 賢劫千佛[16] 등이 나타난다. 현겁천불 중에

---

15 과거칠불이란 현 시점을 기준 삼아서 이미 인간 세상에 왔다 간 7존의 불을 말한다. 즉 2500여 년 전에 인간 세상에 왔다 간 석가모니불釋迦牟尼佛(Śākyamuni)은 7번째 불(과거 제7불), 석가모니불 전에 왔다 간 가섭불迦葉佛(Kāśyapa)은 6번째 불(과거 제6불), 가섭불 전에 왔다 간 구나함모니불拘那含牟尼佛(Kanakamuni)은 5번째 불(과거 제5불), 구나함모니불 전에 왔다 간 구류손불拘留孫佛(Krakucchanda)은 4번째 불(과거 제4불), 구류손불 전에 왔다 간 비사부불毘舍浮佛(Viśvabhū)은 3번째 불(과거 제3불), 비사부불 전에 왔다 간 시기불尸棄佛(Śikhin)은 2번째 불(과거 제2불), 시기불 전에 왔다 간 비바시불毘婆尸佛(Vipaśyin)은 1번째 불(과거 제1불)이다. 한편 석가모니불이 인간 세상에 있을 때를 기준으로 보면, 석가모니불은 현재불이며, 가섭불부터 비바시불까지는 과거육불이 된다. 참고로 현존하진 않으나 경주 황룡사皇龍寺의 가섭불연좌석迦葉佛宴坐石은 과거 제6불인 가섭불이 금성(경주)에 와서 설법할 때 앉았다는 석조대좌이다(『三國遺事』 권제3, 興法 제3, [迦葉佛宴坐石].).

장엄겁 (과거) 천불	장엄겁 1불		과거칠불
	⋮		
	장엄겁 998 비바시불(과거 제1불)		
	장엄겁 999 시기불(과거 제2불)		
	장엄겁 1000 비사부불(과거 제3불)		
현겁 (현재) 천불	현 겁 1 구류손불(과거 제4불)		
	현 겁 2 구나함모니불(과거 제5불)		
	현 겁 3 가섭불(과거 제6불)		
	현 겁 4 석가모니불(과거 제7불)		◀ 현 시점
	현 겁 5 미륵불		
	⋮		미래불
	현 겁 1000불		
성수겁 (미래) 천불	성수겁 1불		
	⋮		
	성수겁 1000불		

16 불교에서는 과거세過去世, 현재세, 미래세를 각각 장엄겁莊嚴劫, 현겁賢劫, 성수겁星宿

서 29번째 불인 인현의불因現義佛을 표현한 고구려의 연가칠년명延嘉七年銘 금
동불입상이 조성되는 것도 이러한 맥락에서 이해될 수 있다. 이후 대승불교大
乘佛敎가 발전하면서 미륵불상, 아미타불상, 약사불상, 비로자나불상 등 다양
한 불상이 출현한다.[17]

　　1세기에 인도의 간다라Gandhāra 지방(현 파키스탄)과 마투라Mathurā 지방
에서 처음 조성된 불상은 무역로를 통하여 불교와 함께 중국으로 전해졌다.[18]
후한後漢 명제明帝(57~75 재위) 때에 처음 전해졌다는 인도 불상의 실체는 구체

劫이라고 한다. 각각의 겁에는 제1존부터 제1000존까지의 천불千佛이 있는데, 장엄겁
천불, 현겁 천불, 성수겁 천불이 그것이다. 장엄겁 천불이 인간 세상에 내려와 사람들에
게 설법한 후 열반하고, 그 뒤를 이어 현겁 천불과 성수겁 천불이 왔다 간다고 한다. 과
거칠불 중에서는 과거 제7불인 비바시불(장엄겁 998번째 불), 과거 제6불인 시기불(장
엄겁 999번째 불), 과거 제5불인 비사부불(장엄겁 1000번째 불)은 장엄겁 천불에 속하
고, 과거 제4불인 구류손불(현겁 1번째 불), 과거 제3불인 구나함모니불(현겁 2번째 불),
과거 제2불인 가섭불(현겁 3번째 불), 과거 제1불인 석가모니불(현겁 4번째 불)은 현겁
천불에 속한다. 장엄겁 천불과 현겁의 4번째 불인 석가모니불까지는 이미 인간 세상에
왔다 간 불이며, 석가모니불이 열반한 뒤 56억 7천만 년 후에 인간 세상에 올 현겁의 5
번째 불인 미륵불彌勒佛부터는 미래불에 해당된다.

17　대승불교시대에 출현하였던 다양한 불교 존상과 관련된 경전들은 석가모니불이 직접
　　설법한 것은 아니며, 후대의 불교 전기 작가들에 의해 꾸며진 것이라고 볼 수 있다. 한편
　　경전의 주인공인 불과 보살들은 이미 인간 세상에 왔다 갔거나 혹은 미래에 올 것이기
　　때문에 사람들과 밀접한 관련이 있다. 사람들은 이들 불상과 보살상을 조성하면서 현세
　　적現世的·내세적來世的 바람을 추구하였다.

18　인도 불상은 중앙아시아의 타클라마칸Taklamakan사막과 깐수성(甘肅省)의 하서주랑河
　　西走廊(황허(黃河) 서쪽의 협곡)을 지나는 실크로드Silk road를 통하여 중국으로 전래
　　되었다. 이 외에 동남아시아의 해안로를 경유하여 중국 창장(長江) 상류로 들어오는 남
　　방육로南方陸路와 동남아시아의 바닷길을 통한 스파이스로드Spice road도 불상 전래의
　　중요한 루트였다. 인도 불상이 중국으로 전래될 때, 인도의 전법승傳法僧과 중국의 구법
　　승求法僧 등 승려들과 두 곳을 왕래하던 상인들이 중요한 역할을 하였다. 인도의 상인
　　들은 석가모니불을 그들의 주인, 즉"상주商主"라고 부를 만큼 불교를 적극적으로 지지
　　하였고, 상인들의 막대한 경제력은 불교가 발전하는데 중요한 원동력이 되었다.

간다라 불상

마투라 불상

석조불좌상, 쿠샨시대 2~3세기, 높이 55.5cm, 너비 29cm, 독일 베를린 아시아미술관
간다라 불상은 주로 회청색의 편마암으로 조성되었으며, 파도 모양의 머리카락, 깊게 파인 눈, 오똑한 코, 얇은 입술, 입체감이 느껴지는 법의 주름을 갖추고 있다.

석조불좌상, 쿠샨시대 2세기, 높이 72.5cm, 너비 47cm, 인도 뉴델리국립박물관
마투라 불상은 하얀 반점이 있는 연분홍색 사암으로 제작되었으며, 둥근 얼굴에 크게 뜬 눈, 양감있는 양 볼, 몸의 윤곽이 드러날 정도의 얇은 법의를 갖추고 있다.

적으로 알 수 없지만[19], 전래된 배경에는 이미 인도와 중앙아시아에서 중국에 들어와 정착하고 있던 이민족異民族 불교 신도와 무관하지 않다.[20] 4세기 말,

---

19 중국 초기 불상에 대해서는 다음을 참조하였다. 水野淸一, 「中國における佛像のはじまり」, 『佛敎藝術』 7(1950), pp. 39~64.

20 후한(25~220) 때에는 인도와 중앙아시아의 전법승들이 중국에 이주해 있던 이민족異民族에게 불교를 전파하였으며, 동진東晉시대(317~420)에 들어와 한족漢族 출신 승려들이 활동하면서부터 한족 불교 신도가 생기기 시작하였다. 당시 중국에 왔던 대표적인 전법승으로는 월지국月支國 출신의 지겸支謙과 지루가참支婁迦讖, 소그드Sogd(속특粟特) 출신의 강승원康僧遠, 월지국 출신의 부모를 둔 축법호竺法護, 안식국安息國(파르티아Parthia) 출신의 안세고安世高 등이 있다. 한편 중국 둔황(敦煌) 막고굴莫高窟 323

고구려와 백제에서는 중국의 전진前秦(351~394)과 동진東晉(317~420)에서 불교를 받아들였는데[21], 이 때 전래된 불상들은 인도 불상에서 중국화가 막 시작된 모습을 크게 벗어나지 않았을 것이다.

불교적인 관념에서 보면, 지금은 2500년 전에 석가모니불이 일곱 번째로 왔다 갔던 세상과 그가 열반하고 56억 7천만 년 후에 미륵불이 여덟 번째로 올 세상 사이에 놓여 있다. 따라서 석가모니불의 가르침을 직접 받을 기회는 이미 놓친 상태이며, 미륵불의 설법을 기다리기에는 너무나 요원하다. 지금의 인간 세상을 사바娑婆 세계라고 하는 것도 그 어떤 불의 가르침도 받을 수가 없어서 미혹과 번뇌의 고통을 참아내면서 살아갈 수 밖에 없는 인고忍苦의 세계이기 때문이다. 남장사 관음선원 관음보살좌상의 중수발원문과 같이 불의 참모습이 아님을 알면서도 불상을 끊임없이 조성하는 이유도 사바 세계의 이러한 고통에서 조금이라고 벗어나기 위해서이다.

굴에는 오吳나라(229~280) 손권孫權의 권유로 교지交之(하노이Hanoi(河內))에서 난징(南京)으로 온 강승회康僧會와 310년에 뤄양(洛陽)을 경유한 다음 335년에 후조後趙(319~351)가 허베이성(河北省) 예청(鄴城)으로 천도할 때 함께 온 불도징佛圖澄의 전법傳法 내용이 그려져 있다. 이들 전법승은 대승불교가 유행한 인도 서북 지방(지금의 파키스탄과 아프가니스탄)에서 왔다. 이 지역은 서기전 327년에 알렉산드로스대왕(Alexandros the Great, 서기전 336~323 재위)의 동방 원정 후, 안식국과 대하大夏(박트리아Bactria)로 분열되어 있다가 1세기 중엽에 월씨月氏(월지月支)에 의해 쿠샨Kushan 왕조(78~226)가 세워진 곳이다. 쿠샨왕조의 세 번째 왕인 카니슈카Kanishka왕(?~?)은 대승불교의 기초를 마련하고 포교단布敎團을 조직하여 중앙아시아, 중국, 티베트에 불교를 전하였다. 이러한 분위기 속에서 인도의 전법승들이 중국으로 불교를 전하였다.

21 전진의 불교는 인도와 중앙아시아의 것과 비슷하지만, 동진의 불교는 이러한 성향 외에 불교의 난해한 이론을 중국적으로 재해석한 격의格義불교적 성향도 지니고 있었다. 사실 백제에 전래된 동진의 불교가 이 두 가지의 성향 중 어느 것과 연관되는지는 구체적으로 알 수가 없다. 중국의 격의불교에 대해서는 다음을 참고하였다. 배재호, 『세계의 석굴』(서울: 사회평론아카데미, 2015), pp. 111~112.

2. 한국 불상과 불교

1. 한국 불상

『대승기신론大乘起信論』의 삼대三大 사상을 불상과 불교에 적용하면, 불교 사상과 신앙은 체體(본질), 그것을 표현한 불상은 상相(모습), 조성 목적은 용用(쓰임새)이다. 예로 석가모니불의 열반을 기록한『열반경涅槃經』이 체라면, 열반상은 상, 열반이 보통의 죽음과는 다른 차원 임을 알려주는 열반상의 역할은 용이다. 불상은 조성 배경을 알려주는 기록이 없더라도 교학과 의례 등 불교 사상과 같이 체가 분명할 경우, 어느 정도 그 성격이 파악되지만, 불교 신앙과 같은 다층적 성향을 지닌 체와 연관될 경우, 그 본질에 명확하게 접근하기가 쉽지 않다.

한국 불상은 중국(때로는 인도) 불상의 영향을 적지 않게 받았다. 처음에는 중국 불상의 조형을 그대로 답습하다가 점차 우리나라 사람의 심미안에 맞는 불상이 조성되었다. 중국 불상은 삼국시대부터 조선시대 전기까지 주로 왕경王京이던 고구려의 평양平壤, 백제의 사비泗沘(부여扶餘), 신라와 통일신라의 금성金城(경주慶州), 고려의 개경開京(개성開城), 조선의 한양漢陽(서울)에 영향을 미쳤다. 우리나라 고유의 조형성을 갖춘 불상은 중국 불상의 영향이 거의 없었던 조선시대 17세기 이후에 나타난다.

불상의 수준 높은 조형성은 삼국시대부터 통일신라시대 8세기까지 일부 교통로를 제외하곤 평양, 사비, 금성 등 왕경 중심의 중앙 양식 불상에서 찾을 수 있다. 통일신라시대 9세기 이후, 중앙 양식에 견줄 만한 수준의 불상이 지방에서도 조성되는데, 이러한 경향은 고려 전기까지 계속된다. 그런데 고려시대 불상의 중앙 양식은 그 맥락을 찾기가 쉽지 않다. 잦은 전쟁으로 인해 개경이 여러 차례 초토화되면서 불상이 없어졌기 때문이다. 조선시대에는 건국 초기부터 배불排佛 정책을 시행하여 중앙 양식을 갖춘 불상이 조성되지 않았다.

한국 불상의 조형성은 삼국시대와 통일신라시대에는 이상적인 사실성에서, 고려시대와 조선시대에는 현실적인 사실성에서 찾을 수 있다.[22] 물론 고려와 조선시대 불상이 현실적인 사실성을 지녔다고 하더라도 인체 해부학에 기초를 둔 서양 고대 조각의 사실성에는 미치지 못한다. 고려와 조선시대 불상의 사실성 간에도 차이가 있는데, 고려시대 불상에서는 공통된 미감을 갖춘 사실성을, 조선시대(특히 조선후기) 불상에서는 특정한 장인匠人의 조각풍彫刻風이 반영된 개별적인 사실성을 엿볼 수 있다.

불상재佛像材(불상 재료)는 삼국시대, 통일신라시대, 고려시대엔 금동상과 석조상이, 조선시대에는 목조상과 목태소조상木胎塑造像이 주류를 이루었다.[23] 또한 철조상鐵造像은 나말려초羅末麗初에, 건칠상乾漆像은 여말선초麗末鮮初에 유행하였다. 금동상은 구리와 주석을 합금하여 만든 형태에 금을 입힌 것이

---

22 이상적인 사실성이란 현실에서는 찾아볼 수 없는 이상적인 것이며, 현실적인 사실성이란 현실에서도 확인 가능한 것이다. 한편 불상의 육계肉髻, 백호白毫, 삼도三道 등은 실제 사람에게는 없는 이상적인 모습이며, 젖꼭지, 손톱, 발톱, 손금 등은 사람들도 가지고 있는 현실적인 표현이다.

23 석조불상이 점차 줄어드는 고려 후기에 이곡李穀(1298~1351)은 "…재력이 부족한 경우에 흙과 나무를 사용하는데, 소조상과 목조상은 쉽게 부서져 대충 만든다는 의심이 든다. 어찌 견고하고 무거운 재질의 석상을 만들어 훗날의 우려를 없애는 것이 더 낫지 않겠는가…(『稼亭先生文集』卷之四, 記, [大都穀積山新作羅漢石室記]:"…力苟不足乃用土木其泥塑木刻易圮壞幾於褻慢豈如石像堅重簡質且無後慮者哉…".)"라고 하여 석조 불상 제작의 장점을 피력하였다.

며, 석조상은 대부분 화강암을 깎아 만들었다. 목조상은 속을 파낸 나무를 몸통으로 삼고 따로 만든 머리와 팔을 조합하여 제작하였으며, 목태소조상은 여러 개의 나무를 조합하여 불상의 형태를 만든 다음 흙을 덧붙여서 완성하였다. 철조상은 철로 주조한 다음, 마포麻布로 감싼 후 채색을 입혔으며, 건칠상은 옻을 접착제로 하여 여러 겹의 마포를 감아서 만들었다.

2. 한국 불교

한국 불교는 삼국시대의 왕실이 주도한 국가불교, 통일신라시대의 대중화된 통불교通佛敎, 고려시대의 기복양재祈福禳災와 진호국가鎭護國家의 불교,

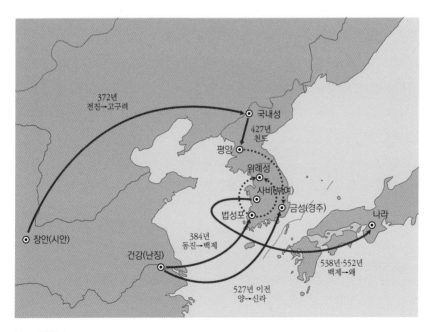

불교 전래 루트

조선시대의 산중山中 승단僧團 불교로 구분된다. 신라의 태종무열왕太宗武烈王 (654~661 재위) 때부터 열반종涅槃宗, 법성종法性宗, 계율종戒律宗, 법상종法相宗, 화엄종華嚴宗 등 5교 시대가 시작된다. 통일신라시대 헌덕왕憲德王(809~826 재위)과 흥덕왕興德王(826~836 재위) 때부터 구산九山 선문禪門이 개창되면서 5교 구산 선문시대가 된다. 구산 선문은 고려시대 1097년(숙종 2)에 대각국사大覺國師 의천義天(1055~1101)에 의해 천태종天台宗이 창립되면서 조계종曹溪宗과 함께 양종兩宗으로 정리되어 이후 5교 양종 시대가 된다. 5교 양종 시대는 조선시대 1424년(세종 6)에 선교禪敎 양종으로 통합된다. 선종과 교종은 청허淸虛 휴정休靜(1520~1604)이 활동할 때까지 대립 관계에 있다가 이후 선종 중심으로 불교가 전개된다.

2
—
삼국시대 불상 총론

불상의 조성은 당시의 불교 사상이나 신앙과 관련된다. 그러나 삼국시대의 불상은 삼국의 불교 사상과 신앙에 대한 구체적인 기록도, 조성 배경을 알려 주는 기년명紀年銘 불상도 거의 남아 있지 않아 그 맥락을 정확하게 파악할 수가 없다.[01] 현존하는 삼국시대 불상이 당시의 불교 사상과 신앙을 담고 있는 대표적인 예인지도 단정할 수가 없다. 고구려와 백제의 경우, 멸망 과정에서 왕경인 평양과 사비가 초토화되면서 왕실에서 발원한 불상, 즉 대표성을 지닌 불상들이 대거 사라지게 되어 그 전모를 더더욱 알 수가 없다. 다만 현존하는 예를 통하여 볼 때, 삼국시대 불상은 석가모니불상, 천불상千佛像, 미륵상 등 석가모니불의 과거, 현재, 미래와 관련되는 존상이 먼저 조성되고, 이후 불교 교학敎學과 신앙이 발전하면서 아미타불상, 약사불상, 관음보살상 등이 만들어진 것을 확인할 수 있다.

현존하는 우리나라 불상 중에서 가장 이른 예는 서울 뚝섬에서 출토된 5세기 전반의 금동불좌상이다. 살짝 숙인 머리, 통견 방식으로 착용한 법의, 손바닥으로 배를 가린 초기 형식의 선정인禪定印[02], 정면 양쪽에 사자獅子가 표현된 방형方形 대좌 등은 4세기 중엽에 조성된 중국의 금동불좌상과 많이 닮았다. 선정인은 인도와 중국 불상과 달리, 우리나라에서는 가장 먼저 나타나는

01　삼국시대 불상에 대해서는 다음을 참조하였다. 文明大, 「佛像의 傳來와 韓國初期의 佛像彫刻」, 『大邱史學』 15·16(대구사학회, 1978), pp. 13~24; 金理那, 「三國時代 佛像研究의 諸問題」, 『美術史研究』 2(미술사연구회, 1988), pp. 1~22; 姜友邦, 「三國時代 佛教彫刻論」, 『三國時代佛教彫刻』(국립중앙박물관, 1990), pp. 126~159; 金理那, 「三國時代의 佛像」, 『韓國美術史의 現況』(한림대학교 한림과학원, 1992), pp. 33~70; 金理那, 「동아시아 고대 불교조각 흐름에서 한국 삼국시대 불교조각의 變奏」, 『美術資料』 89(국립중앙박물관 미술부, 2016), pp. 29~52.

02　뚝섬 출토 금동불좌상과 같이 손바닥으로 배를 가린 모습의 선정인은 중국 후조後趙의 338년명 금동불좌상에서도 볼 수 있는데, 이는 중국식으로 표현된 초기 선정인으로 추정된다.

금동불좌상, 삼국시대 5세기, 높이 4.9cm, 뚝섬 출토, 국립중앙박물관

1960년, 국립중앙박물관에서 구입하였다. 불상은 안틀과 바깥틀을 사용하여 주조한 중국의 4세기 금동불좌상과 달리, 바깥틀 만 사용한 통주식通鑄式의 불상이다.

수인이다.[03]

고구려에서는 408년에 조성된 덕흥리德興里 고분에 "석가문불釋迦文佛"이라는 먹글씨가 적혀 있고, 장천長川 1호 고분의 벽면에 그려진 불좌상이 석가모니불로 추정되어 5세기 전반에는 주로 석가모니불상이 조성된 것으로 보인다. 6세기 전반이 되면, 불교 교학의 발전과 함께 천불상이 조성되는데, 현겁천불 중의 한 존인 연가칠년명 금동불입상(539년)과 평양의 원오리元吾里 사지에서 출토된 소조불좌상塑造佛坐像과 소조보살입상들은 대표적인 예이다. 6세기 후반에는 중국 남조南朝의 수도 건강建康(난징南京)에 원류를 두고 산동성(山東省)을 경유하여 들어온 금동불삼존상金銅佛三尊像이 조성되기 시작한다.[04] 563년에 조성된 계미명癸未銘 금동불삼존입상과 571년의 신묘명辛卯銘 금동불삼존입상이 그 예이다. 금동불삼존상들은 광배 뒷면에 새겨진 명문을 통하여 정토淨土 신앙과 관련되는 무량수불상無量壽佛像 임을 알 수 있다. 7세기가 되면, 도교道敎의 성행과 함께 불교가 쇠퇴하면서 왕실 발원의 불상은 점차 줄어든다.[05] 그러나 평양 평천리平川里에서 출토된 금동보살반가사유상金銅菩薩半跏思惟像과 같이 승려들의 선관禪觀 수행의 대상이었던 미륵보살상은 다수 조성된 것으로 추정된다.

백제에서는 부여 규암면窺岩面 신리新里와 군수리軍守里 사지에서 출토된

---

03 인도와 중국 불상에 보이는 가장 이른 형식의 수인은 오른손을 어깨까지 들어 올려 손바닥을 앞으로 내보이고 왼손으로는 옷자락을 움켜 잡고 있는 모습이다(배재호, 『중국 불상의 세계』(파주: 景仁文化社, 2018), pp. 19~30.).

04 지금까지 불상을 중심으로 보살상이 양옆에서 협시하는 구성을 "금동삼존불상金銅三尊佛像"이라고 명명하였다. 금동삼존불상은 3존의 금동불상을 의미하기 때문에 표현의 모호함이 없지 않다. 따라서 "금동불상을 중심으로 한 삼존상(以金銅佛爲中心的三尊像)"을 뜻하는 "금동불삼존상金銅佛三尊像"이 적절한 표현이라고 생각된다. 물론 보살상 중심의 삼존상은 "금동보살삼존상"으로 표현되어야 한다.

05 『三國遺事』 권제3, 興法 제3, [寶藏奉老普德移庵].

선정인 불좌상을 통하여 6세기 전반까지는 석가모니불상이 조성된 것을 알수 있다. 사비로 천도한 538년 이후, 중국 남조와의 활발한 교류를 통하여 6세기 중엽부터 백제 불상에서는 새로운 도상圖像이 출현하고 조형적인 변화가 나타난다. 이 중 양梁나라 불교 존상에 보이는 두 손을 가슴 앞까지 들어올려 지물持物(보주寶珠 혹은 합盒)을 감싸 쥔 보살입상(일명 봉지보주보살상捧持寶珠菩薩像)과 불상 광배의 연주문連珠文 장식 등은 7세기 전반의 백제 불교 존상에서도 지속적으로 보인다. 또한 백제에서는 중국과의 교통로였던 산동성 지역의 불상과 친연성을 지닌 불상도 조성된다. 충청남도 예산禮山의 석조사면불상石造四面佛像은 중국 산동성 칭저우시박물관(靑州市博物館) 소장의 석조사면불상과 조형적·도상적으로 유사하다. 7세기에 들어와 불교가 교학적·신앙적으로 발전하면서 다양한 불상과 보살상이 나타난다. 석가모니불상과 보살반가사유상·관음보살상으로 구성된 충청남도 서산瑞山의 용현리龍賢里 마애불삼존상磨崖佛三尊像, 관음보살상과 약사불상·무량수불상으로 구성된 태안泰安의 동문리東門里 마애보살삼존상이 그 예이다. 또한 관음보살신앙이 유행하면서 독존獨尊의 관음보살상이 조성되고, 승려들의 선관 수행의 대상으로서 미륵보살반가사유상이 만들어진다.

신라에서는 고구려, 백제와는 달리 선정인 불좌상이 지금까지 발견되지않았다. 현존하는 신라 불상 중에서 가장 이른 예는 석조대좌石造臺座만 남아있는 574년경의 황룡사皇龍寺 장육존상丈六尊像이다. 『삼국유사三國遺事』에 인도의 아소카Aśoka왕이 보내 온 금동불삼존입상金銅佛三尊立像을 모본模本으로삼아 장육존상을 주조했다는 기록이 있어서 주존 불상은 석가모니불로 추정된다. 신라 불상에서도 7세기에 들어와 도상적·조형적·재질적으로 많은 변화가 나타난다.[06] 경주 남산南山의 장창곡長倉谷에서 출토된 석조미륵불의좌

---

06 6세기 말부터 제철·제강 기술의 발전과 함께 고탄소강高炭素鋼의 도구가 만들어지면서

상石造彌勒佛倚坐像과 경주 남산 선방사禪房寺의 석조불삼존입상에 보이는 중국 장안長安(시안) 불상의 영향, 황룡사지皇龍寺址와 경상북도 영주榮州의 숙수사지 宿水寺址에서 출토된 편단우견 방식으로 법의를 입은 채 삼곡三曲 자세를 취한 금동불입상에 보이는 인도와 동남아시아 불상의 조형적 특징 등은 대표적인 예이다.

삼국시대 불상을 시대별로 보면, 5세기에는 선정인 불좌상만 남아 있으며, 6세기에는 독존의 불입상과 불삼존상이, 7세기에는 독존의 관음보살입상과 보살반가사유상이 새로 출현한 것을 확인할 수 있다. 이들은 대부분 중국 불상의 영향을 받았지만, 단순히 수용만 한 것이 아니라 취사선택 되었다. 양나라 불교 존상의 영향을 받은 백제와 신라에서 수용한 불교 도상이 각각 달랐던 것이 그 증거이다. 즉 백제 보살상에서는 두 손으로 지물을 감싸 쥔 보살상이 확인되지만, 신라에서는 지금까지 이러한 지인指印의 보살상이 발견된 바가 없다. 또한 양나라에서 유행한 아육왕상阿育王像이 신라에서는 황룡사 금당 불상의 모델이 되었던 반면, 백제에서는 지금까지 그 유례가 확인되지 않는다.

한편 불상의 조형적인 변화는 삼국 모두 7세기부터 나타난다. 즉 6세기 이전의 불상들은 정면관正面觀이 강조된 경직된 조형과 좌우대칭을 이루는 법의 자락과 광배 문양을 갖추었지만, 7세기 불상에서는 부드러운 조형에 한쪽 무릎을 구부리고 허리를 살짝 비튼 여유로운 자세를 엿볼 수 있다. 법의 주름도 7세기부터 신체의 굴곡을 따라 점차 유기적有機的으로 처리된다. 또한 팔이 몸에 밀착되어 있던 6세기의 보살상과 달리 대부분의 7세기 보살상에서는 그것이 몸에서 떨어져 공간감을 느낄 수 있다.

석탑, 석불의 조성이 가능했을 것으로 보기도 한다. 이병희, 「사원 경제」, 『한국불교사연구입문 하』(최병헌 외, 파주: 지식산업사, 2013), pp. 43~44.

3
—
고
구
려

불
상

고구려에서는 불교가 전래된 372년부터 멸망하는 668년까지 약 300년 동안 많은 불상이 조성된 것으로 추정된다. 하지만 현존하는 예가 매우 적고[01], 불상 조성에 관한 기록도 거의 없어서 그 흐름을 파악하는 데에는 한계가 있다.[02] 많은 석실봉토고분石室封土古墳에서 확인되듯이 돌을 다루는 기술이 상당한 수준이었음에도 불구하고 일제강점기 평양 부근에서 출토되었다는 한 존의 불상(조선중앙력사박물관)을 제외하고는 지금까지 알려진 석조불상이 거의 없다는 점도 이러한 정황을 대변해 준다. 또한 영류왕榮留王(618~642 재위)이 당唐에서 도교를 수용하고,[03] 보장왕寶藏王(642~668 재위)이 사원을 도관道觀(도교 사원)으로 개조하는 등[04] 도교를 적극적으로 후원하던 7세기에는 왕실 발원 불상이 거의 없었던 것으로 추정된다.[05]

---

01 고구려 불상은 70여년 간 치렀던 수隋·당唐과의 전쟁과 나羅·당唐 연합군에 의해 멸망하는 과정에서 대거 사라진 것으로 추정된다.

02 고구려 불상의 양식적 특징에 대해서는 다음을 참고하기 바란다. 文明大,「高句麗彫刻의 樣式變遷試論」,『全海宗博士華甲記念史學論叢』(서울: 一潮閣, 1979), pp. 589~600.

03 『삼국사기』에 의하면, 621년(영류왕 7)에 당의 고조高朝(618~626 재위)는 도사道士를 고구려로 보내어 노자老子의 『도덕경道德經』을 강학講學하게 하였으며, 이 때 천존상天尊像과 도법道法도 함께 보냈다고 한다(『三國史記』 권제2, 高句麗本紀 제8, 榮留王 7년.). 한편 당은 건국 후 도교 우위의 정책을 펼쳤으며, 이러한 양상은 7세기 전반까지 계속된다(『全唐文』(上海: 上海古籍出版社, 1995(1990 초판)) 권9, [太宗]條의 [斷賣佛像勅], p. 42중.).

04 보장왕이 643년(보장왕 2)에 사신을 보내자 당 태종太宗(626~649 재위)은 숙달叔達 등 도사 8명과 함께 『도덕경』을 보내 주었는데, 고구려에서는 기존의 사원을 도관으로 바꾸어 이들을 머물게 하였다(『三國史記』 권제21, 高句麗本紀 제9, 寶藏王 2년.). 당시 실세였던 연개소문淵蓋蘇文(?~665)이 도교 정책을 추진한 것은 불교계와 친밀했던 왕실과 귀족을 견제하기 위함이었다.

05 7세기에 들어와 고구려 고분벽화에서 불교적인 주제가 사라지고, 영류왕과 보장왕 때 활동하던 보덕화상普德和尙이 백제로 망명하여 완산完山(전주全州)의 고대산孤大山에 머물렀던 것은 고구려의 도교 정책 때문이다. 보덕화상의 망명(『三國遺事』 권제3, 興法 제3, [寶藏奉老普德移庵].) 시기는 650년(보장왕 9)설과 667년(보장왕 26)설로 나뉜다.

1. 왕경 평양의 불상

    372년(소수림왕小獸林王 2)에 전진前秦(351~394)의 부견符堅[06]이 승려 순도順道를, 374년엔 아도阿道를 보내어 불교와 불상을 전한 것이 고구려 불상의 시작이다.[07] 375년, 소수림왕은 이들이 머물 수 있도록 초문사肖門寺(혹은 성문사

---

06 부견은 379년에 승려 도안道安(312~385)을 맞이하기 위해 후베이성(湖北省) 샹양(襄陽)을 공략하고, 382년에 구마라집鳩摩羅什(344~413)을 모셔 오기 위해 쿠차Kucha국(龜玆國)을 점령할 만큼 독실한 불교 신도였다. 그는 전연前燕(337~370)을 멸한 후 용성龍城(허베이성河北省 차오양시朝陽市)을 점령하였는데, 이곳에 있던 순도와 아도를 372년에 고구려로 파견한 것으로 추정된다. 용성은 오호십육국五胡十六國시대부터 중원中原 문화의 중심지였다. "釋迦文佛弟子"의 묵서명墨書銘이 있는 덕흥리德興里 고분 벽화(408년)의 불교 신앙적인 모습도 이곳과 무관하지 않은 듯하다.

07 『三國史記』권제18, 高句麗本紀 제6, 小獸林王 2년: "二年夏六月秦王符堅遣使及浮屠順道送佛像經文王遣使廻謝以貢方物…";『三國遺事』권제3, 興法제3, [順道肇麗]: "高麗本記云小獸林王卽位二年壬申乃東晉咸安二年孝武卽位之年也前秦符堅遣使及僧順道送佛像經文時堅都關中長安又四年甲戌阿道來自晉明年乙亥二月創肖門寺以置順道又創伊弗蘭寺以置阿道…";『海東高僧傳』권제1, 釋順道, T. 50, No. 2065, p. 1016상: "二年壬申夏六月秦符堅使及浮屠順道送佛像經文於是君臣以會遇之亂奉迎于省門投誠敬信感慶流行遣使謝以貢方物或說順道從東晉來始傳佛法…後四年神僧阿道至自魏始創省門寺以置順道記云以省門爲寺今興國寺是也後寫爲肖門又伊佛蘭寺以置阿道古記云興福寺是也此海東佛敎之始". 순도는 『해동고승전』에 진인晉人으로 기록되어 있듯이 서진西晉(265~316)에서 태어났다. 고구려에 수용된 전진의 불교는 축법호竺法護와 관련된 대승 불교이거나 불도징佛圖澄(232년경~348년경)과 연관된 주술呪術·계율戒律·선관禪觀 수행 중심의 불교였을 것으로 추정된다. 한편 동진東晉(317~419)의 승려 지둔支遁 도림道林(314~366)이 고구려의 도인道人(승려)에게 편지를 보낸 사실(『高僧傳』권제4, 支遁, T. 50, No. 2059, pp. 348중~349하.)과 357년의 안악安岳 3호 고분에 그려진 연꽃

省門寺)와 이불란사伊弗蘭寺를 세웠는데[08], 가져왔던 불상도 이곳에 모셨을 것으로 생각된다. 불상들은 중국 깐수성(甘肅省) 양저우(凉州)에서 인도 불상의 영향을 받아 4세기 후반에 성립된 양주 모식凉州模式의 불상이거나[09] 전진의 수도 장안長安(시안)에서 유행한 인도식 금동불상이었을 것이다.

고구려가 전진에서 불교와 불상을 받아들인 것은 공식적인 외교 관계에 의해서지만[10], 양주 모식과 인도식 불상이 동쪽으로 확산되는 과정에서 일어난 하나의 현상이기도 하다.[11]

(金秉模, 「抹角藻井의 性格에 대한 재검토」, 『歷史學報』 80(역사학회, 1978), pp. 24~25.) 을 통해 4세기 중엽에 이미 불교가 비공식적으로 고구려에 전래된 것으로 보기도 한다 (徐榮洙, 「三國과 南北朝 交涉의 性格」, 『東洋學』 11(단국대학교 동양학연구소, 1981), p. 156의 주 30.).

08　『三國史記』 권제18, 高句麗本紀 제6, 小獸林王 5년: "五年春二月始創肖門寺以置順道又創伊弗蘭寺以置阿道此海東佛法之始". 초문사(성문사)와 이불란사에 대해서는 다음을 참고하기 바란다. 文明大, 「高句麗 初創佛敎寺院 "省門寺" · "伊佛蘭寺"의 考察」, 『講座美術史』 10(한국불교미술사학회, 1998), pp. 33~53.

09　4세기 중엽에 조성된 둔황 막고굴의 불상도 양주 모식의 영향을 받았다. 양주 모식 불상에 대해서는 다음을 참조하였다. Soper, A. C., "Northern Liang and Northern Wei in Kansu," *Artibus Asiae*, vol.21(1958), pp. 134~164; 宿白, 「凉州石窟遺蹟和"凉州模式"」, 『考古學報』 1986-4, pp. 435~446; 古正美, 「再談宿白的凉州模式」, 『敦煌石窟研究國際討論會文集』 (瀋陽: 遼寧美術出版社, 1990), pp. 85~116.

10　고구려는 전연이 망한 후, 동맹 관계였던 전진前秦(351~394)과 국경이 맞닿자 적극적으로 교류하였고, 이에 따라 불교는 태학太學, 율령律令 등과 함께 고구려에 공식적으로 전해진다(孔錫龜, 「高句麗 領域擴張에 대한 研究-四世紀를 中心으로-」, 『韓國上古史學報』 6(한국상고사학회, 1991), pp. 121~296; 李龍範, 「北朝 前期佛教의 高句麗 傳來」, 『東國大學校論文集』 12(1973), p. 152.).

11　고구려 불상에 미친 중국 불상의 영향에 대해서는 다음을 참조하였다. 金理那, 「高句麗 佛敎彫刻樣式의 展開와 中國 佛敎 彫刻」, 『高句麗 美術의 對外交涉』(서울: 도서출판 藝耕, 1996), pp. 75~126.

금동불교존상 머리, 높이 13.6cm, 전 중앙아시아 호탄 출토, 일본 개인 소장

일본의 오따니 고즈이(大谷光瑞) 탐험대가 중앙아시아의 호탄Khotan에서 수습한 것이라고 한다. 이러한 모습의 불상이 중국 전진을 거쳐 고구려로 들어왔던 것으로 추정된다.

덕흥리고분 "석가문불제자" 명문, 408년

광개토대왕廣開土大王(391~412 재위)은 393년(혹은 392년)에 곧 천도하게 될 평양平壤에 9개의 사원을 창건하였다.[12] 이들 사원에 봉안한 4세기 말의 불상은 덕흥리 고분(408년)에 묵서墨書된 것과 같은 "석가문불釋迦文佛(석가모니불상)"로 추정된다.[13] 불상들은 비슷한 시기의 감신총龕神冢 전실에 그려진 묘墓주인이 앉아 있는 연화 대좌나 5세기 전반의 장천長川 1호 고분에 그려진 불좌상의 방형方形 대좌와 같은 모습의 대좌를 갖추고 있었을 것으로 생각된다.

한편 덕흥리 고분의 전실 천장은 고구려 고분의 일반적인 천장 구조인 중국 랴오닝성(遼寧省) 고분의 모줄임식(귀죽임식) 천장과는 달리, 중국 깐수성(甘肅省) 지우첸(酒泉)의 띵쟈쟈(丁家閘) 5호 고분(16국시대, 304~439)의 궁륭형穹窿形 천

---

12 『三國史記』 권제18, 高句麗本紀 제6, 廣開土大王 2년: "二年秋八月創九寺平壤…".

13 덕흥리 고분(현 남포특급시 강서구역 덕흥동 소재)의 후실(현실玄室) 동벽에 먹으로 적힌 "…■■郡信都縣都鄉■甘里釋迦文佛弟子■■氏鎭…"의 기록은 유주자사幽州刺史를 지낸 묘 주인 진鎭이 석가모니불의 제자 임을 밝힌 것으로, 372년, 불교가 공식적으로 전래된 지 40년이 되지 않아 이미 상당한 신도층을 형성하고 있었음을 짐작하게 한다. "釋迦文佛"은 충청북도 중원군中原郡 노은면老隱面에서 발견된 건흥建興 5년(536) 명 금동광배의 명문(66쪽)에서도 보인다. "석가문불"이 4세기 전반(서진西晉 말 혹은 동진東晉 초)에 찬술된 『미륵래시경彌勒來時經』과 『미륵당래생경彌勒當來生經』 등에서도 확인된다는 점을 근거로 하여 덕흥리 고분의 묘 주인인 진鎭이 미륵신앙을 신봉하였다고 보기도 한다(田村圓澄, 「古代朝鮮の彌勒信仰」, 『朝鮮學報』 102(1982), pp. 1~28; 大西修也, 「釋迦文佛資料考」, 『佛教藝術』 187(1989), pp. 61~74.). 한편 고분의 후실 동벽에는 칠보七寶 행사와 연관되는 묵서명과 함께 칠보 장식, 번幡, 산傘을 갖춘 여거興車가 그려져 있다. 이 장면을 장천 1호 고분, 약수리藥水里 고분, 팔청리八淸里 고분 등에 그려진 행상行像 공양의 모습으로 보기도 한다(全虎兌, 「5세기 高句麗 古墳壁畵에 나타난 佛敎的 來世觀」, 『韓國史論』 21(서울대학교 국사학과, 1989), pp. 3~71; 深津豊德, 「高句麗古墳を通してみた宗敎と思想の硏究」, 『高句麗硏究』 4(고구려발해학회, 1997), pp. 409~423.). 또한 "自然飮食", "自然音樂", "七寶俱生" 등의 묵서명이 『대아미타경大阿彌陀經』, 『평등각경平等覺經』, 『무량수경無量壽經』 등 무량수경 계통의 초기 경전에서 보인다는 점에 근거하여 무량수불(아미타불) 신앙과의 연관성이 제기되기도 하였다(門田誠一, 「銘文の檢討による高句麗初期佛敎の實相-德興里古墳墨書中の佛敎語彙を中心に-」, 『朝鮮學報』 180(2001), pp. 1~27.).

장과 닮아서 주목된다.[14] 이러한 유사성
은 9개나 되는 사원을 동시에 조성할 때,
이 고분 축조에 관여한 것으로 보이는 깐
수성 출신의 사람들이 참여하였을 가능
성을 추측하게 한다. 427년, 장수왕長壽
王(413~491 재위)은 왕경을 국내성國內城
에서 평양으로 옮길 때 동명성왕릉東明
聖王陵을 이장하면서 능사陵寺로서 정릉
사定陵寺를 건립하였으며, 문자왕文咨王
(491~519 재위)은 498년(문자왕 7)에 금강사
金剛寺를 조성하였다.[15] 다만 정릉사와 금
강사에 봉안했던 5세기 불상들은 현존하
지 않아 구체적인 모습을 알 수가 없다.

감신총 전실에 그려진 묘 주인의 연화대좌,
5세기 전반

　　중국 지린성(吉林省) 지안(集安)의 장천 1호 고분에 그려진 5세기 전반의
예불도禮佛圖는 왕경 평양에서 유행한 5세기 불상의 전모를 이해하는데 참고
가 된다.[16] 고분 후실에는 예불도와 함께 연화화생상蓮花化生像, 비천상飛天像,

14　고구려 고분벽화의 불교적 요소와 깐수성과의 연관성에 대해서는 다음을 참조하였다.
　　김진순, 「5세기 고구려 고분벽화의 불교적 요소와 그 연원」, 『美術史學硏究』 258(한국미
　　술사학회, 2008), pp. 37~74.

15　『三國史記』 권제19, 高句麗本紀 제7, 文咨王 7년.

16　장천 1호 고분의 예불도에 대해서는 다음을 참조하였다. 吉林省文物工作院 集安縣文物
　　保管所, 「集安長川一號壁畵墓」, 『東北考古學歷史』 1(1982), pp. 154~173; 文明大, 「長川
　　1號墳 佛像禮拜圖壁畵와 佛像의 始原問題」, 『先史와 考古』 1(한국고대학회, 1991), pp.
　　137~154; 金理那, 「高句麗 佛敎彫刻樣式의 전개와 中國 佛敎彫刻」, 『高句麗 美術의 對
　　外交涉』(서울: 도서출판 藝耕, 1996), pp. 75~126; 文明大, 「佛像의 受容問題와 長川1號
　　墓 佛像禮佛圖壁畵」, 『講座美術史』 10(한국불교미술사학회, 1998), pp. 55~72; 이경란,
　　「고구려의 미륵신앙 고찰-장천1호분의 예불도를 중심으로」, 『동북아역사논총』 63(동북

장천 1호 고분 전실 동쪽 천장 예불도, 고구려 5세기 전반, 중국 지린성 장촨리(長川里)

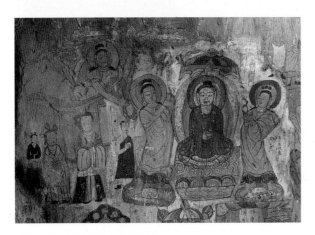

병령사석굴 169굴 예불도, 서진 420년경

주악천인상奏樂天人像이, 전실 입구 양쪽 벽면에는 각각 4존의 보살입상이 그
려져 있다. 이 중 연화화생상은 연꽃에서 다시 태어난다는 정토왕생淨土往生의
관념이 당시에 있었음을 보여 준다.

　예불도의 불상은 양측에 사자가 표현된 방형 대좌 위에서 통견 방식으로

아역사재단, 2019), pp. 323~365.

장천 1호 고분 전실 서쪽 천장 보살도, 고구려 5세기 전반, 중국 지린성 장촨리(長川里)

법의를 입고 선정인을 결한 채 가부좌하고 있다. 불상의 오른쪽에는 승려를 필두로 한 불교 신도의 예불 행렬이, 왼쪽에는 오체투지五體投地하는 모습이 그려져 있다. 예불 행렬은 양주 모식의 영향을 받아 서진西秦의 420년경에 그려진 깐수성 란저우(蘭州)의 병령사炳靈寺석굴 169굴의 예불도와 닮았다.[17] 전실의 양쪽 벽면에 그려진 보살상들은 가슴 중앙에서 교차된 영락瓔珞, 머리 양

17   병령사석굴 169굴의 예불도에 대해서는 다음을 참조하였다. 福山敏男, 「炳靈寺石窟西秦造像銘」, 『美術研究』 276(1971), pp. 33~35; 董玉祥, 「炳靈寺石窟第169窟內容總錄」, 『敦煌學輯刊』 10(1986), pp. 148~158; 董玉祥, 「炳靈寺石窟第169窟」, 『敦煌學輯刊』 11(1987), pp. 126~131; 張寶璽, 「建弘題記及其有關問題的考釋」, 『敦煌研究』 1992-1, pp. 11~20; 常靑, 「炳靈寺169窟塑像與壁畫題材考釋」, 『漢唐與邊疆考古研究』 1(1994), pp. 111~130; 배재호, 『세계의 석굴』(서울: 사회평론아카데미, 2015), pp. 93~116. 한편 장천 1호 고분의 전실 천장에 그려진 북두칠성北斗七星은 둔황 지역에서 출토된 북량北凉 석탑의 상륜부相輪部에도 새겨져 있어서 고구려 고분벽화가 깐수성 지역과 도상적으로 친연성이 있었을 가능성을 보여 준다. 북량 석탑에 대해서는 다음을 참조하였다. 殷光明, 『北凉石塔研究』(台北: 覺風佛教藝術文化基金會, 2000); 張寶璽, 『甘肅佛教石刻造像』(蘭州: 甘肅人民美術出版社, 2001).

금동석가모니불좌상, 북위 453년, 높이 22.7cm,
일본 쓰시마섬(對馬島) 출토, 일본 개인 소장
불상의 자세, 수인, 대좌 형식이 장천 1호 고분의 불좌
상과 많이 닮았다.

쪽에서 늘어진 관증冠繪(보관 띠), 양쪽 어깨에서 몸 좌우로 흘러내린 천의天衣를 갖추고 있다. 이런 모습의 보살상은 중국에서 5세기 중엽에 유행하였는데, 장천 1호 고분 보살상의 편년에 도움을 준다.

예불도의 불상 형식은 이미 언급한 바 있는 뚝섬 출토의 금동불좌상과 같다. 금동불좌상은 중국 작으로 보기도 하지만[18], 5세기 전반에 우리나라에서 조성되었을 가능성이 높다.[19] 불상은 미국 하버드 대학미술관 소장의 금동불좌상, 미국 샌프란시스코 아시아미술관 소

---

18 金元龍,「纛島出土 金銅佛坐像」,『歷史敎育』5(역사교육연구회, 1961)(同著,『韓國美術史研究』(서울: 一志社, 1987)), pp. 19~22.

19 뚝섬 출토 금동불좌상에 대해서는 다음을 참조하였다. 文明大,「佛像의 傳來와 韓國初期의 佛像彫刻」,『大邱史學』15·16(대구사학회, 1978), pp. 13~24; 金理那,「三國時代 佛像硏究의 諸問題」,『美術史硏究』2(미술사연구회, 1988), pp. 1~11; 郭東錫,「製作技法을 통해본 三國時代 小金銅佛의 類型과 系譜」,『佛敎美術』11(한국불교미술사학회, 1992), pp. 7~53; 金理那,「百濟初期 佛像樣式의 成立과 中國佛像」,『百濟史의 比較硏究』, 百濟硏究叢書 3(충남대학교 백제연구소, 1993), pp. 110~135; 金理那,「高句麗 佛敎彫刻 樣式의 展開와 中國 佛敎彫刻」,『高句麗 美術의 對外交涉』(서울: 도서출판 藝耕, 1996), pp. 75~126; 郭東錫,「뚝섬(纛島) 出土 金銅禪定印如來坐像의 國籍問題-東京藝術大學所藏 金銅如來坐像과의 비교를 중심으로」,『고고역사학지』16(동아대학교박물관, 2000), pp. 419~440; 郭東錫,『三國時代の金銅佛の復元的硏究』, 早稻田大學 文學學術大學院 博士學位論文, 2015, pp. 55~58.

금동불좌상, 4세기 전반, 높이 32.9cm,
전 중국 허베이성(河北省) 쓰자장(石家庄) 출토,
미국 하버드대학미술관

금동불좌상, 후조 338년, 높이 39.4cm,
미국 샌프란시스코 아시아미술관

장의 338년(후조後趙 건무建武 4)명 금동불좌상, 중국 허베이성(河北省) 쓰자장(石家庄)에서 출토된 금동불좌상 등 중국의 4세기 불상과 많이 닮았다.[20]

현존하는 고구려 불상 중에서 가장 이른 예는 539년에 평양에서 만든 연가칠년명延嘉七年銘 금동불입상이다.[21] 광배 뒷면에는 "연가 7년 기미년에 고

---

20 허베이성에서 출토된 4세기 후반의 금동불좌상들은 338년명 금동불좌상 등 4세기 전반의 금동불좌상과 닮았지만, 훨씬 작은 편이다(배재호, 『중국 불상의 세계』(파주: 景仁文化社, 2018), pp. 35~45.).

21 고구려의 평양에서 조성된 불상이 어떤 이유로 경상남도 의령宜寧에서 발견되었는지에 대해서는 구체적으로 알 수가 없다. 불상에 대해서는 다음을 참조하였다. 黃壽永, 「新國寶 高句麗 延嘉七年銘 金銅如來立像」, 『美術資料』 8(국립중앙박물관 미술부, 1963), pp. 30~31; 黃壽永, 「國寶 延嘉七年銘 金銅如來立像」, 『考古美術』上卷(第1號-第100號

연가칠년명 금동불입상, 고구려 539년,
높이 16.3cm, 국립중앙박물관
1964년, 경상남도 의령에서 출토되어
국립중앙박물관에서 입수하였다.

合輯, 한국미술사학회, 1979) 42(5권 1호, 1964), p. 481; 朴敬源, 「延嘉七年銘 金銅如來
像의 出土地」, 『考古美術』上卷(第1號-第100號 合輯, 한국미술사학회, 1979) 47·48(5권
6·7호, 1964), pp. 528~529; 金元龍, 「延嘉七年銘金銅如來像銘文」, 『考古美術』上卷(第1
號-第100號 合輯, 한국미술사학회, 1979) 50(5권 9호, 1964), p. 567; 黃壽永, 「高句麗 金
銅佛像의 新例二座」, 『韓國佛像의 硏究』(서울: 三和出版社, 1973), pp. 23~44; 尹武炳,
「延嘉七年銘金銅如來立像의 銘文에 對하여」, 『考古美術』下卷 51(5권 10호, 1964), pp.
1~2; 손영종, 「금석문에 보이는 삼국 시기의 몇 개 년호에 대하여」, 『력사과학』4(1966),

려국高麗國(고구려국) 낙랑樂浪(평양)의 동사주東寺主이면서 (석가모니불을 공경하는) 제자 승연僧演이 사도師徒(문도門徒) 40명과 함께 현겁천불賢劫千佛을 만들어 유포하였는데, (현겁천불 중) 29번째 불인 인현의불因現義佛은 비구 ■■가(이) 조성한 것이다"라는 명문이 새겨져 있다.[22] 불상은 "기미년"의 간지干支와 조형적인 특징을 통하여 고구려의 539년에 조성된 것으로 추정된다.[23]

금동불입상은 통견 방식으로 두꺼운 법의를 입고 커다란 연꽃잎 모양의 광배를 배경으로 다리를 살짝 벌린 채 연화대좌 위에 서 있다. 오른손은 어깨까지 들어 올려 손바닥을 앞으로 내민 시무외인을, 왼손은 자연스럽게 내려뜨려 역시 손바닥을 앞으로 한 여원인을 결하였다. 불상은 비교적 늘씬한 모습에 적절한 신체 비례를 갖추고 있다. 장방형의 얼굴과 길쭉한 귀, 좌우대칭을 이루며 양옆으로 펼쳐진 법의, 가슴 앞을 가로질러 왼팔 위로 걸쳐진 법의 자

---

pp. 12~20; 文明大, 「高句麗彫刻의 樣式變遷試論」, 『全海宗博士華甲記念史學論叢』(서울: 一潮閣, 1979), pp. 589~600; 文明大, 「高句麗 在銘金銅佛像의 樣式과 圖像解釋의 課題」, 『玄惺스님還曆紀念論叢 現代佛敎의 向方』, 1999, pp. 381~401; 張忠植, 「延嘉七年銘 金銅佛像 再考」, 『東岳美術史學』 創刊號(동악미술사학회, 2000), pp. 11~27; 박학수, 「延嘉七年銘 金銅如來立像의 형상과 제작기술」, 『美術資料』 86(국립중앙박물관 미술부, 2014), pp. 138~147; 최성은, 「중국 남북조시대 불교조각을 통해 본 고구려 延嘉 7년명 금동여래입상」, 『先史와 古代』 51(한국고대학회, 2017), pp. 55~87.

22 명문의 내용은 다음과 같다. "延嘉七年歲在己未高麗國樂良東寺主敬弟子僧演師徒卌人 共造賢劫千佛流布第卄九因現義佛比丘■(肄)所供養". 불상을 현겁천불의 29번째 불인 인현의불로 보는 견해에 대해서는 다음을 참고하였다. 金煐泰, 「賢劫千佛信仰」, 『삼국시대 불교신앙 연구』(서울: 불광출판사, 1990), pp. 275~281; 金煐泰, 「延嘉七年銘 高句麗佛像에 대하여」, 『佛敎思想史論』(서울: 民族社, 1992), pp. 263~268. 한편 인현의불은 『현겁경』에서 "因現義"(『賢劫經』 권제6, 八等品 제19, T. 14, No. 425, p. 46상.)와 "現義如來"(『賢劫經』 권제7, 千佛興立品 제21, T. 14, No. 425, p. 52하, 60상.)로 혼용하고 있다.

23 "延嘉"는 지금까지 알려진 연호 중에서 고구려는 물론, 백제와 신라에서도 확인되지 않는다. 연가 7년을 고구려의 539년으로 특정했을 때, 이 해는 안원왕安原王 9년이기 때문에 안원왕의 즉위년에 사용된 연호가 아니라 재위 3년째가 되던 해에 연호를 바꾸었다는 가정이 필요하다.

금동미륵불군상, 북위 524년, 높이 75cm,
미국 뉴욕 메트로폴리탄미술관

금동불입상, 동위 536년, 높이 61cm,
미국 펜실베니아대학박물관

락 등은 북위北魏의 5세기 말부터 6세기 초까지 조성된 금동불입상에서도 보이는 특징이다. 그러나 이 시기 북위 불상에 많이 보이는 신紳(옷고름)이 표현되어 있지 않고[24], 부드러운 얼굴 표정과 대좌의 도톰한 연판蓮瓣에서 이미 불상이 고구려화 되었음을 알 수 있다.[25]

---

24 6세기 전반, 북위에서는 인도식 착의법을 답습한 옷고름이 없는 불상과 북위의 한화漢化 정책에 따라 한복漢服의 옷고름인 신紳이 표현된 불상이 병존하였다. 이러한 관점에서 보면, 연가칠년명 금동불입상은 인도식 착의법을 답습한 것이라고 할 수 있다.

25 금동불입상이 6세기 초에 조성된 북위 불상의 영향을 받았지만, 북위의 한화 정책에 의해 480년대부터 북위 불상에 본격적으로 표현되던 신(옷고름)이 여기서는 보이지 않는다. 한편 고구려 불상에 미친 북위 불상의 영향은 양국 간의 문화적인 교류나 북위가 멸망한 후 고구려에 망명한 북위 유민과 관련될 가능성이 높다. 고구려와 북위는 460년부터 523년까지 활발하게 교류하였는데(三崎良章, 「北魏の對外政策と高句麗」, 『朝鮮

불상은 평양 동사주東寺主인 승연과 그의 제자 ■■비구가 만든 인현의불
이다.[26] 인현의불은 불교적 개념의 현재, 즉 현겁賢劫에 있는 1천 존의 불 중에
서 29번째 불이다. 참고로 석가모니불은 현겁 천불 중에서 4번째 불이다. 천
불千佛 사상은 중국 초기 불교의 중요 거점이던 깐수성 양저우(涼州)와 둔황(敦
煌)에서 유행하였다. 북위가 양저우(439년)와 둔황(442년)을 점령한 후, 이 지역
에 살던 3만호萬戶를 수도인 평성平城(산시성山西省 따통大同)으로 강제 이주시킴
에 따라 천불 사상도 평성으로 전파되었다.[27] 494년, 북위가 허난성(河南省) 뤄
양으로 천도한 후에는 다시 그곳으로 퍼져 나갔다. 연가칠년명 금동불입상은
이러한 천불 사상이 확산되는 과정에서 조성된 것으로 추정된다.

고구려의 천불 사상은 1937년, 평안남도 평원군平原郡 덕산면德山面 원오
리元吾里 사지에서 출토된 204편의 소조불좌상塑造佛坐像과 108편의 소조보살
입상에서도 확인된다.[28] 이들 존상은 틀(거푸집)로 찍어 만든 후 가마에서 구워

　　學報』102(1982), p. 128; 徐榮洙, 「三國과 南北朝 交涉의 性格」, 『東洋學』 11(단국대학
　　교 동양학연구소, 1981), pp. 153~177.), 북위가 멸망한 후 동위東魏와 서위西魏로 분
　　열되자 북위의 유민들이 대거 고구려로 피신하였다. 이들 중 5천 호戶는 552년에 북제
　　北齊의 압박에 의해 다시 돌아갔다(노태돈, 『고구려사 연구』(서울: 사계절, 2000), pp.
　　309~348.).

26　기존에는 평양의 동사東寺 혹은 동쪽에 있는 사원의 주지인 경敬과 제자 승려인 연演
　　(혹은 제자 승연僧演)으로 해석하였다. 명문과 같이 현겁천불 즉 1천 존의 불상을 조성
　　하였다면, 한 사원의 주지와 제자들로서는 불가능한 불사佛事였을 것으로 판단된다. 한
　　편 고구려에서도 북위의 사문통沙門統(혹은 도문통都門統)과 같이 승려들을 총괄하는
　　동사주東寺主나 서사주西寺主 등의 승직僧職이 있었을 가능성도 배제할 수가 없다. 이
　　러한 추정이 가능하다면, 동사주의 위치에 있던 승연이 이 정도의 불사를 하는 것은 그
　　다지 어렵지가 않았을 것으로 생각된다. 명문의 "弟子"는 주지 경의 제자가 아니라 덕흥
　　리 고분의 "釋迦文佛弟子"와 같이 "석가모니불의 제자"로 해석된다.

27　『魏書』(北京: 中華書局, 1991) 권114, [釋老志], p. 3032: "…太延中凉州平徒其國人於京邑
　　沙門佛寺皆俱東象教彌增矣…".

28　원오리 사지는 만덕산萬德山 서쪽 기슭에 위치하고 있다. 불상에 대해서는 다음을 참조

소조불좌상, 고구려 6세기, 높이 17cm, 원오리 사지 출토, 국립중앙박물관

소조불좌상 거푸집(틀) 편, 고구려 6세기, 높이 16.5cm, 토성리 출토, 국립중앙박물관

소조불좌상 거푸집 편, 고구려 6세기, 높이 11.8cm, 토성리 출토, 국립중앙박물관

하였다. 小泉顯夫, 「泥佛出土地元五里廢寺址の調査」, 『昭和十二年度古蹟調査調査報告書』, 朝鮮古蹟研究會, 1938, pp. 63~72; 文明大, 「元五里寺址 塑佛像의 硏究 -高句麗千佛像 造成과 관련하여-」, 『考古美術』150(한국미술사학회, 1981), pp. 58~70; 淺井和春, 「寄贈小倉コレクション所收, 朝鮮三國時代の佛像について」, 『Museum』372(1982), pp. 18~19; 양은경, 「고구려 소조불상과 중국 소조불상과의 관계」, 『동북아역사논총』24(동북아역사재단, 2009), pp. 301~361; 최성은, 「평양 토성리 출토 토제불상범과 고구려 불교조각」, 『美術資料』88(국립중앙박물관 미술부, 2015), pp. 29~62.

소조보살입상, 고구려 6세기, 높이 19.5cm, 원오리 사지 출토, 국립중앙박물관

낸 다음 채색을 입혀 완성하였다. 소조불좌상은 장천 1호 고분의 불좌상과 뚝
섬 출토의 금동불좌상과 같은 형식이다. 두툼한 법의는 자연스럽게 늘어졌으
며, 양 손 아래로 흘러내린 법의 자락은 좌우대칭을 이루고 있다. 불상들은 6
세기 중엽에 사원 금당金堂(금전金殿)의 벽면이나 목탑木塔의 표면을 장식하기
위한 것으로 추정된다. 원오리 사지 출토의 소조불좌상은 평양 낙랑구樂浪區
토성리土城里 사지에서 출토된 도제陶製 틀에서 찍어낸 불좌상과 조형적으로
닮아서 토성리에서 제작되었거나[29] 아니면 같은 형식의 불상이 당시 고구려
에서 유행하였을 가능성을 추측하게 한다. 소조보살입상은 꽃잎 모양의 보관
寶冠을 쓴 갸름한 얼굴에 아래쪽이 뾰족한 넓고 편평한 목걸이를 하고 있다.
천의는 무릎 앞에서 교차하며 늘어졌는데, 양쪽 어깨 위에는 천의를 고정하는

---

29 원오리 사지 출토의 소조불좌상을 평양의 조선중앙력사박물관에 소장된 토성리 출토의
    거푸집으로 찍어낸 것으로 보기도 한다(국립중앙박물관, 『고대불교조각대전』, 2015, p.
    172의 참고2. 토성리 소조상 거푸집, p. 174.).

금동보살입상, 삼국시대 6세기 후반, 높이 15.2cm,
국립중앙박물관
1911년, 조선총독부박물관에서 구입하였다.

원형 장식이 있다. 보살상은 얼굴 형태, 신체 비례, 천의의 표현 방식 등이 6세기의 금동보살입상과 많이 닮았다.

한편 평양 평천리平川里에서 출토되었다는 7세기 초의 금동보살반가사유상은 반가半跏 자세로 앉아서 사유思惟에 잠긴 모습을 하고 있다.[30] 반가는 반가부좌半跏趺坐의 줄임말로, 주로 연화대좌 위에서 가부좌한 다리 중 왼쪽 다리를 풀어서 내려뜨리고 오른쪽 다리의 발목을 왼쪽 다리의 허벅지 위에 올린 모습이다.

금동보살반가사유상은 오른팔의 일부가 없어졌으며, 왼손은 길게 뻗어 오른발 발목을 잡고 있다. 머리 뒤편에는 두광頭光을 부착하는 용도의 광배 촉이 아직도 남아 있다. 정적인 분위기의 얼굴 표정과 달리 하체의 법의 자락은 활달하게 표현되었다. 오른발 발목을 잡기 위해 살짝 꺾은 왼손 손목과 잔뜩 힘이 들어간 오른발 발가락에서는 수준 높은 표현력을 엿볼 수 있다.

---

30 1940년, 평양 평천리에서 병기창兵器廠 공사를 하던 중에 금동보살반가사유상이 출토되었으며, 1946년에 다시 이곳에서 영강永康 7년명 금동광배와 금동대좌가 출토되었다(金良善, 「平壤 平川里 出土 金銅半跏思惟像의 造成年代에 關하여」, 『古文化』 3(한국대학박물관협회, 1964), pp. 4~12; 梅原末治, 「平壤平川里出土 金銅半跏思惟像」, 『朝鮮學報』 31(1964), pp. 53~57.). 그러나 크기로 보아 금동보살반가사유상과 광배는 한 세트가 아닌 것을 알 수 있다.

금동보살반가사유상, 고구려 7세기 전반, 높이 17.5cm, 평천리 출토, 삼성미술관 리움

　　금동보살반가사유상은 조형적으로 북제北齊의 반가사유상과 닮았다. 반
가사유상이 조성되던 7세기 초에 이미 북제가 멸망하였으나, 북제 불상의 영
향은 이 때까지 계속되었다. 576년(평원왕 16)에 고구려의 대승상大丞相인 왕고
덕王高德이 의연義淵을 북제의 수도 예청(鄴城)으로 파견하여 북제 불교계의 도
통都統이자 정국사定國寺 승려인 법상法上(495~580)에게 공부하게 한 사실은 북
제 불교와 불상의 영향이 지속적으로 고구려에 미쳤음을 짐작하게 한다.[31] 수

31　『海東高僧傳』 권제1, 釋義淵, T. 50, No. 2065, p. 1016중하. 북제 문선제文宣帝(550~559
　　재위)와 황후의 계사戒師였던 법상法上(『續高僧傳』 권제8, 齊大統合水寺釋法上傳, T.
　　50, No. 2060, pp. 485상~486상.)이 유식학파唯識學派의 지론종地論宗과 관련되는 『십
　　지경론十地經論』과 『능가경楞伽經』을 강설하고 주석한 것으로 보아 그의 제자였던 의
　　연도 지론종과 연관될 가능성이 높다.

나라(581~618) 이후 중국에서 반가사유상이 쇠퇴하였다는 점도 평천리 출토의 반가사유상이 북제의 영향을 받았을 가능성에 힘을 실어 준다.

　고구려의 왕경 평양에서 조성된 불교 존상들은 지리적으로 가까운 중국 북조北朝의 영향을 지속적으로 받았다. 장천 1호 고분의 예불도는 병령사석굴 169굴의 예불도와 닮았고, 연가칠년명 금동불입상과 원오리 사지 출토의 소조불좌상은 깐수성 양저우와 둔황 지역에서 유행한 『불설불명경佛說佛名經』의 천불 사상과 관련된다. 평천리 출토의 금동보살반가사유상은 북제의 반가사유상과 조형적으로 닮았을 뿐만아니라 조성 목적이 승려들의 선관禪觀 수행의 대상이라는 점에서도 같다.

금색 불상

고타마 싯다르타의 32대상大相 중에서 14번째 특징인 신금색상身金色相에 근거하여 만든 것이 금색 불상이다. 실제 순금 불상은 매우 드물지만 나무(전단향목栴檀香木), 동(적금赤金), 돌로 조성할 때도 마무리는 금으로 하였다. 『중아함경中阿含經』과 『대지도론大智度論』에는 금색으로만 기록되어 있으며, 이후 찬술된 경전에서는 금색에 대하여 보다 구체적으로 언급하고 있다. 즉 염부단閻浮壇이라는 강에서 나는 사금沙金인 "염부단금閻浮壇金"이 그것이다. 염부단은 섬부주贍部洲(인간 세상)의 북쪽(현 네팔 지역)에 있는 염부수閻浮樹 사이를 흐르는 강이다. 염부단금은 자줏빛을 머금은 적황색赤黃色으로, 자금紫金, 자마금紫磨金, 자마황금紫磨黃金이라고도 한다. 석가모니불의 32대상이 정립될 때, 인도에서는 염부단금의 금색이 최고의 색이자 불상의 색으로 여겼던 것 같다. 그러나 금불상이 처음 조성된 곳은 염부단이 있는 네팔이 아니라 파키스탄(고대 인도의 간다라 지방)과 아프가니스탄으로 추정된다. 후한後漢 명제明帝 때인 1세기 중엽에 서쪽에서 온 금인金人(금색 불상)을 뤄양(洛陽)의 백마사白馬寺에 모셨다는 기록이 사실이라면, 이 불상도 파키스탄이나 아프가니스탄에서 왔을 것으로 추정된다.

우리나라에서 금색 불상에 대한 인식은 6세기부터 나타난다. 백제 왕경인 부여扶餘의 부소산성扶蘇山城에서 출토된 정지원명鄭智遠銘 금동불삼존상의 광배 뒷면에는 정지원이 죽은 부인 조사趙思를 위해 금상金像을 만들었다는 명문이 새겨져 있다. 불상의 국적에 대한 논란은 있지만, 출토지가 부여이기 때문에 6세기에 백제 왕경에서 금색 불상에 대한 인식이 있었을 가능성은 높다. 불상의 성분을 분석한 결과, 동 바탕에 금을 입힌 금동상이라는 것이 밝혀져 금동상을 금상이라고 여겼음을 알 수 있다. 신라에서도 6세기에 이러한 인식이 있었는데, 황룡사 장육존상 주조에 사용된 동銅을 적금赤金이라고 한 『삼국유사』의 기록이 그것이다.

2. 금동불삼존상

6세기 후반, 하나의 커다란 광배 속에 보살상을 협시로 둔 불삼존상佛三尊像과 제자상을 협시로 삼은 보살삼존상菩薩三尊像이 조성되는데, 지금까지 "일광삼존불상一光三尊佛像"으로 명명되어 왔다.[32] 금동불삼존상은 불상, 광배, 대좌를 따로 주조鑄造하고 금金을 입힌 후 결합하여 완성하였는데, 광배 뒷면에는 대부분 조성 배경을 알려주는 명문이 새겨져 있다. 하나의 주조 틀로 만든 연가칠년명 금동불입상과는 달리 금동불삼존상은 세 개의 주조 틀을 사용

---

32 금동불삼존상에 대해서는 다음을 참조하였다. 岡田健, 「佛教彫刻における朝鮮半島と中國・山東半島の關係」, 『日韓兩國に所在する韓國佛教美術の共同調査研究-研究成果報告書』(奈良國立博物館, 1993), pp. 11~18; 郭東錫, 「金銅製一光三尊佛의 系譜-韓國과 中國 山東地方을 中心으로-」, 『美術資料』 51(국립중앙박물관 미술부, 1993), pp. 1~22; 金理那, 「高句麗 佛教彫刻樣式의 展開와 中國 佛教 彫刻」, 『高句麗 美術의 對外交涉』(서울: 도서출판 藝耕, 1996), pp. 99~100; 김춘실, 「中國 山東省 佛像과 三國時代 佛像」, 『美術史論壇』 19(한국미술연구소, 2004), pp. 7~47; 양은경, 「중국 산동지역 불상과 한국 삼국시대 불상의 교류 관계」, 『講座美術史』 26(한국불교미술사학회, 2006), pp. 235~257; 李靜杰, 「山東北朝佛教造像因素向朝鮮半島的傳播」, 『石窟史研究』 5(文物出版社, 2014), pp. 276~293; 郭東錫. 「三國時代の金銅一光三尊仏の原型と系譜」, 『奈良美術研究』 16(早稻田大學 奈良美術研究所, 2015), pp. 81~94; 郭東錫, 『三國時代の金銅佛の復元的研究』, 早稻田大學 文學學術大學院 博士學位論文, 2015, pp. 133~189; 곽동석, 『한국의 금동불 I : 동아시아 불교문화를 꽃피운 삼국시대 금동불』(서울: 다른세상, 2016), pp. 61~87; 류건우, 『삼국시대 일광삼존금동불상 연구』, 중앙승가대 박사학위논문, 2018, pp. 49~60. 한편 지금까지 확인된 금동불삼존상과 그 일부분으로 추정되는 예는 대략 21존이다(곽동석, 「금동일광삼존불의 기원과 전개 양상」, 『고대불교조각대전』(국립중앙박물관, 2015), pp. 215~217.).

한 것으로서 제작 공정에 새로운 변화가 있었음을 보여 준다. 광배 앞면에 새겨진 협시상·문양·화불化佛과 뒷면의 명문은 불상의 성격을 설명하는 구체적인 표현들로서, 불교에 대한 교학적·신앙적인 이해를 바탕으로 하여 불상이 조성되었음을 알려 준다.

대부분의 금동불삼존상은 광배 뒷면에 명문이 새겨져 있어서 언제 누가 어떤 불상을 만들었는지에 대하여 알 수가 있다. 그러나 어느 나라에서 만든 것인지는 기록되어 있지 않고, 불상의 출토지도 공식적인 발굴을 통한 것이 아니라 구전口傳된 것이기 때문에 국적에 대한 논란은 여전하다. 그럼에도 불구하고 금동불삼존상을 대표하는 계미명癸未銘 금동불삼존상金銅佛三尊像(563년)과 신묘명辛卯銘 금동불삼존상(571년)은 조형적인 특징을 통하여 고구려 불상으로 분류된다.[33]

계미명 금동불삼존상은 광배 뒷면의 명문을 통하여 보화寶華가 돌아가신 아버지 조■인趙■人을 위하여 563년에 만든 것 임을 알 수 있다.[34] 명문에서는 특별히 기술하지 않았지만, 불상은 돌아가신 아버지의 정토왕생淨土往生을 위해 조성한 것으로 추정되어 무량수불상無量壽佛像(아미타불상)일 가능성이 높다. 주존 불상은 대좌 윗면에 나 있는 구멍에 역삼각형의 발 받침대를 꽂아서 세웠으며, 광배는 불상의 등 뒤에 있는 광배 촉에 끼워서 결합하였다.

불상은 통견 방식으로 두꺼운 법의를 입었으며, 법의 주름은 八식으로 좌우대칭을 이루며 넓게 펼쳐져 있다. 오른손은 두려움을 없게 해 준다는 시무

---

33 금동불삼존상과 닮은 6세기 중엽의 예가 산동성에서 출토된 점과 이 시기에 고구려와 산동성과의 교류가 활발했던 점은 고구려 제작설에 힘을 실어 준다.

34 명문의 내용은 다음과 같다. "癸未年十一月一日寶華爲亡父趙(貴)人造". 보화의 아버지를 조귀인趙貴人으로 판독하더라도 귀인貴人이 아버지의 이름인지, 아니면 돌아가신 분에 대한 존칭인지는 알 수가 없다. 한편 간지干支만 표기하는 백제의 명문 형식에 주목하여 불상을 백제 작으로 보기도 한다.

계미명 금동불삼존상, 고구려 563년, 높이 17.5cm, 간송미술관
불상의 치마(군의) 왼쪽 끝단은 보수된 상태이며, 대좌의 오른쪽에는 부식되어 갈라진 틈이 있다. 불상은 함께 주조
된 연화좌의 아랫 부분을 세 겹의 복련伏蓮으로 이루어진 대좌 윗 부분에 꽂은 후 육각형의 너트로 고정하였다.

외인을, 왼손은 소원하는 바를 들어준다는 여원인을 결하였다. 왼손의 약지
와 소지는 구부린 상태이다. 불상은 동그란 육계, 연가칠년명 금동불입상과
닮은 길쭉한 타원형의 귀, 둥근 얼굴과 몸을 갖추고 있다. 거대한 연꽃잎 모
양의 광배 속에는 불상보다 훨씬 작은 크기의 보살상이 연화좌를 갖춘 채 양
옆에 표현되어 있다. 보살상들의 법의 자락도 불상과 같이 좌우로 펼쳐져 있
다. 광배 중앙에는 두광頭光과 신광身光이 구획되어 있으며, 두광 중앙에는 연
화문이, 연화문의 가장자리에는 위에서 양옆으로 드리워진 인동당초문忍冬唐
草文이 입체적으로 표현되어 있다. 신광에는 어자문魚子文(연주문連珠文) 바탕에
봉오리를 가진 연꽃대가 양쪽에 음각되어 있다. 어자문 장식은 대좌 위쪽을
덮고 흘러내린 세 겹의 연판문 테두리에서도 확인된다. 바닥과 닿은 면 위쪽

에는 같은 기법으로 표현된 당초문이 있다.[35] 계미명 금동불삼존상은 정확한 출토지를 알 수 없어서 국적을 특정할 수가 없다. 그러나 법의 자락의 한쪽 끝이 왼팔 위에 걸쳐져 있고 사선斜線을 이루는 내의內衣의 착의 방식이 연가칠년명 금동불입상과 닮아서 고구려 작으로 추정된다. 놀랍게도 불상에 보이는 제작 방식, 도상 구성, 대좌 형식은 중국 산동성 주청(諸城)에서 출토된 동위東魏시대 6세기 중엽의 금동불삼존상과 많이 닮았다.[36]

금동불삼존상, 동위 6세기 중엽, 높이 17.2cm, 중국 주청시(諸城市)박물관
1978년, 산동성 주청시(諸城市) 린자춘진(林家村鎭) 칭원촌(靑雲村)에서 출토된 6존의 불교 존상 중 하나이다.

1930년, 옛 고구려 영역이던 황해도 곡산군谷山郡 화촌면花村面 봉산리蓬山里에서 출토되었다는 신묘명 금동불삼존상은 571년에 승려 도■道■가(이) 선지식善知識들과 함께 만든 무량수불상이다. 광배 뒷면에 새겨진 67자의 명문은 "경■ 4년 신묘년에 비구 도■와(과) 여러 선지식인 나루那婁, 천노賤奴[37], 아왕阿王, 아거阿倨[38] 등 5명은 함께 무량

---

35 불상의 연주문은 7세기 백제 불상에서도 확인된다. 연주문은 6세기 전반의 양나라 불상에서 많이 보이는데, 6세기 후반엔 고구려에, 7세기 이후에는 백제에 영향을 주었던 것으로 생각된다.

36 韓崗, 「山東諸城出土北朝銅造像」, 『文物』 1986-11, pp. 95~96; 곽동석, 『한국의 금동불 I : 동아시아 불교문화를 꽃피운 삼국시대 금동불』(서울: 다른 세상, 2016), pp. 172~183; 배재호, 『중국 불상의 세계』(파주: 景仁文化社, 2018), pp. 90~91.

37 천노賤奴는 "불佛의 천한 노비"로 해석된다. 양 무제梁武帝가 동태사同泰寺에서 사신捨身을 행할 때, 스스로 "(불의) 천노"라고 한 사실과 병령사丙靈寺 석굴 169굴의 유마경변상도維摩經變相圖에 문수보살상文殊菩薩像을 시자상侍者像, 즉 석가모니불의 시자

수불 1구를 조성합니다. 원하건대 돌아가신 스승과 부모는 태어날 때마다 마음 속에 항상 여러 불佛을 기억하고, 선지식(스승)들은 미륵을 만나기를 바랍니다. 소원은 이와 같습니다. 함께 같은 곳에 태어나 불을 만나 가르침을 듣기를 원합니다"라는 내용이다.[39] 불상 조성의 목적은 도■의 스승과 선지식들의 부모님이 내세에 태어나서도 다시 불佛을 만나고, 동시에 그들은 (지금의) 선관 수행을 통하여 내세에 미륵을 만나 가르침을 받고자 하는 것이었다.

명문에 보이는 승려와 선지식들의 선관 수행은 『관무량수경觀無量壽經』, 『관불삼매해경觀佛三昧海經』, 『선비요법경禪祕要法經』 등이 번역되고 유행한 중국 북조北朝 불교계에서 승려들이 수행했던 선관이 고구려에서도 이루어졌음을 알려 준다.[40] 승려들의 선관 수행은 5세기 전반의 뚝섬 출토 금동불좌상을

로 기록한 예는 이러한 해석에 설득력을 부여해 준다. 이와 관련해서는 다음을 참고하였다. 배재호, 『세계의 석굴』(서울: 사회평론아카데미, 2015), pp. 105~108.

38 비록 아해阿海(보희寶姬), 아지阿之(문희文姬) 등 김유신金庾信 여동생의 이름과 같이 신라에서도 "아"자로 시작되는 이름이 있지만, 안악 3호 고분(357년) 벽화에 그려진 우물가에 있는 여성 위에 "阿光"이 적혀 있어서 고구려에서도 "아"로 시작되는 이름이 사용되었음을 확인할 수 있다(배재호, 「경주 남산 長倉谷 출토 석조미륵불의좌상과 禪觀 수행」, 『美術史學研究』 289(한국미술사학회, 2016), pp. 35~63.).

39 "景■四年在辛卯比丘道(須)共諸善知識那婁賤奴佛王阿佀五人共造无量壽佛一軀願亡師父母生生心中常值諸佛善知識等値遇彌勒所願如是願共生一處見佛聞法…". 명문 해석은 다음을 참고하였다. 배재호, 「경주 남산 長倉谷 출토 석조미륵불의좌상과 禪觀 수행」, 『美術史學研究』 289(한국미술사학회, 2016), pp. 42~44. 한편 금동불삼존상은 고구려 미륵신앙과의 관련성(金煐泰, 「韓國彌勒信仰의 史的 展開와 그 展望」, 『佛教思想史論』 (서울: 民族社, 1992), pp. 372~375.), 명문의 선지식善知識이 지닌 의미에 대한 검토(도이 쿠니히코(土居邦彦), 「삼국시대의 선지식과 지식의 기초적 검토」, 『韓國古代史研究』 16(한국고대사학회, 1999), pp. 381~382.), 중국 불상과의 영향 관계(양은경, 「景四年辛卯銘 금동삼존불의 새로운 해석과 中國 불상과의 관계」, 『先史와 古代』(한국고대학회, 2005), pp. 37~68.) 등 다양한 관점에서 지금까지 연구되어 왔다.

40 중국 북조의 선관 수행에 대해서는 다음을 참조하였다. 劉慧達, 「北魏石窟與禪」, 『考古學報』 1978-3, pp. 337~352; 顏娟英, 「北齊禪觀窟的圖像考-從小南海到響堂山石窟」, 『東

신묘명 금동불삼존상, 고구려 571년, 전체 높이 15.5cm, 불상 높이 11.5cm, 개인 소장
불상에 감도는 연분홍빛 금색은 백제 불상에서도 보이는 특징이다.

통하여 불교 전래 초기부터 이루어지고 있었음을 추측할 수 있으나, 미륵을 친견하고 가르침을 받는 것이 수행의 목적 임을 밝힌 것은 처음 확인되는 내용이다.

금동불삼존상은 현재 대좌가 없어졌지만, 불상, 광배, 대좌의 결합 방식이 계미명 금동불삼존상과 같다. 불상의 가슴 앞에는 주조 결함으로 인하여 생긴 네모나게 파인 흔적이 남아 있다. 불상은 통견 방식의 착의법, 시무외인과 여원인의 수인, 역삼각형의 발 받침대 등이 계미명 금동불삼존상과 유사하다. 하지만 몸에 비해 큰 머리와 손, 오각형의 커다란 육계, 장방형의 얼굴, 활달함이 줄어든 八자형 법의 자락, 입체감이 떨어진 법의 주름 등에서 조형적인 차이를 엿볼 수 있다. 물론 연가칠년명 금동불입상보다는 얼굴과 몸에서 입체감을 느낄 수 있으며, 광배 문양도 훨씬 정돈된 상태이다. 계미명 금동불

方學報』70(京都, 1998), pp. 375~440.

삼존상과 연가칠년명 금동불입상에 보이던 왼손 손목을 감고 밖으로 흘러내리던 법의 자락은 사라진 상태이다.

광배에 새겨진 보살상들도 불상과 같이 몸에 비해 머리가 큰 편으로, 각각 다른 형식의 보관을 착용하고 있다. 두광과 신광을 구획하는 돌기선, 선 안팎에 표현된 연화문, 인동당초문, 화염문 등은 계미명 금동불삼존상과 닮았다. 신광에는 초화문草花文이 입체적으로 표현되었으며, 가장자리의 화염문은 계미명 금동불삼존상보다 형식화된 모습이다. 주목되는 것은 새롭게 3존의 화불化佛이 광배에 장엄되었다는 점인데[41], 이는 주존 불상을 도상학적圖像學的으로 설명하는 하나의 표현으로 추측된다.

한편 제자상을 협시로 둔 금동보살삼존상도 조성된다. 보살삼존상 임에도 불구하고 크기가 작아서인지 하나의 틀을 사용한 통주通鑄 방식으로 조성하였다. 명문이 남아 있지 않아 어느 나라에서 어떤 목적으로 만든 것인지는 알 수가 없다. 그러나 대좌에 음각되어 있는 끝이 날카롭고 길쭉한 연꽃잎이 고구려 고분벽화의 연꽃과 닮았고, 보살상의 내의內衣가 연가칠년명 금동불입상의 그것과 반대 방향이긴 하지만 사선으로 표현된 것에서 고구려 작일 가능성이 높다. 끝 부분이 세 갈래로 갈라진 광배의 화염문은 삼국시대 6세기 후반에 많이 보이는 특징이다.

금동불삼존상의 조성 배경으로 산동성 불상의 영향을 고려하지 않을 수가 없다.[42] 주청(諸城) 출토의 금동불삼존상이 계미명 금동불삼존상과 닮은 것은 물론, 산동성 지난(濟南)의 신통사神通寺에 고려상高麗像(고구려 불상)이 봉안

---

41 3존의 화불을 과거, 현재, 미래의 삼세불三世佛로 보는 견해도 있다. 김리나, 『한국의 불교조각』(서울: 사회평론아카데미, 2020), p. 41.

42 산동성 불상과 삼국시대 불상과의 관계에 대해서는 다음을 참조하였다. 金春實, 「中國 山東省 佛像과 三國時代 佛像」, 『美術史論壇』 19(한국미술연구소, 2004), pp. 7~47.

금동보살삼존상, 삼국시대(고구려?) 6세기 후반, 높이 8.8cm, 전 강원도 춘천 출토, 국립중앙박물관

되어 있었다는 『속고승전續高僧傳』의 기록[43]은 고구려와 산동성 간의 불상 교류가 활발하였음을 추측하게 한다.[44] 그런데 산동성에서 출토된 6세기 중엽의 금동불삼존상은 6세기 전반에 양나라의 수도 건강(난징)에서 제작된 금동불삼존상의 영향을 받은 것이다.[45] 계미명 금동불삼존상과 신묘명 금동불삼존상

43   『續高僧傳』권제25, 魏太山朗公谷寺釋僧意傳, T. 50, No. 2060, p. 647상:"…高麗像相國像…". 이 상에 대해서는 다음을 참고하였다. 溫玉成, 「高句麗"相之國"」, 『北方文物』 3(2004), pp. 67~68.

44   삼국과 양梁·진陳과의 공식적인 교류 횟수는 고구려가 양에 13회, 진에 8회, 백제가 양에 9회, 진에 5회, 신라가 양에 3회, 진에 7회로, 6세기에 삼국 중 고구려가 남조와 가장 활발하게 교류한 것을 알 수 있다. 그러나 538년, 사비로 천도한 이후 백제에 양나라 문화가 대거 들어왔던 사실은 이러한 정치적인 교류 횟수가 문화 교류의 상황을 얼마나 반영하고 있는지를 알 수 없게 한다.

45   산동성 칭저우(靑州)에 있는 칭저우 모식模式의 불상들이 남조의 수도인 건강(난징) 불상의 영향을 받아 성립되었다고 보기도 한다(費泳, 「"靑州模式"造像的源流」, 『東南文化』 2000-3, pp. 97~102.). 한편 산동성에서는 적지 않은 금동불상이 출토되었는데,

도 건강에 원류를 둔 불상이 장쑤성(江蘇省) 쉬저우(徐州)를 경유하는 육로나 창장(長江) 하구·쑤루(蘇魯) 해안을 통한 해로를 거쳐 산동성으로 전해지고[46], 그것이 6세기 후반에 다시 우리나라로 전해져 조성된 것으로 추정된다.[47]

1981년에는 산동성 뷔싱현(博興縣) 고창사지高昌寺址에서 금동불상이, 1983년과 1984년에는 뷔싱현 천후진(陳戶鎭)의 용화사지龍華寺址에서 100여 존의 금동불상이 출토되었다(李少南,「山東博興出土百餘件北魏至隋代銅造像」,『文物』1984-5, pp. 21~31; 丁明夷,「談山東博興出土的銅佛造像」,『文物』1984-5, pp. 32~43.). 그리고 산동성 주청 청운사지靑雲寺址와 칭저우에서도 대량의 금동불상이 출토되었다.

46 배재호,『중국 불상의 세계』(파주: 景仁文化社, 2018), p. 89의 [산동 지방과 문화 루트]
    참고.

47 남조 불상의 영향에 대해서는 다음을 참조하였다. 후지오카 유타카(藤岡穣),「중국 南朝
    造像의 제작과 전파」,『美術資料』89(국립중앙박물관 미술부, 2016), pp. 216~251.

추정 고구려 불교 존상

영강永康7년명 금동광배

영강7년명 금동광배, 고구려 551년,　　　　　광배 뒷면 명문
평양 평천리 출토, 조선중앙력사박물관

1946년, 평천리 금동보살반가사유상이 출토된 곳에서 발견되었다.[48] 광배 뒷면에는 7행 58자의 명문이 새겨져 있다. 551년에 돌아가신 어머니를 위하여 미륵존상을 만들어 미래에 미륵불이 내려와 세 번의 법회를 할 때 듣기를 원한다("永康七年歲次辛■爲亡母造彌勒尊像■■福願令亡者神昇兜■慈氏三會之初悟无生■究竟必昇■提若有罪右願一時消滅隨喜者等同此願")는 내용이다. 명문의 내용은 광배와 한 세트였던 불상이 미륵불 임을 추정하게 한다. 두광과 신광의 형태, 그 속에 입체적으로 표현된 문양은 계미명 금동불삼존상(58쪽)과 신묘명 금동불삼존상(61쪽)과 닮았다. 특히 동글동글한 소용돌이 모양의 화염문과 두광 주위의 넝쿨무늬는 신묘명 금동불삼존상의 그것과 거의 같다. 연호와 간지를 모두 표기한 명문 형식은 연가칠년명 금동불입상(46쪽)과 유사하다.

48　영강칠년명 금동광배에 대해서는 다음을 참조하였다. 久野健,「平壤博物館の佛像」,
　　『Museum』 490(1992), pp. 4~14; 金煐泰,「韓國彌勒信仰의 史的 展開와 그 展望」,『佛教
　　思想史論』(서울: 民族社, 1992), pp. 375~377.

건흥5년명 금동광배

건흥5년명 금동광배, 삼국시대 596년, 높이 12.4cm, 국립청주박물관

1915년경, 충청북도 충주시忠州市 노은면老隱面에서 출토되었다. 광배 뒷면에는 "불제자 청신녀 상부아엄이 석가 문불을 제작하여 태어나는 곳마다 불을 만나 법을 듣기를 원하고 일체 중생도 같은 소원이 이루어지기를 바란다(建 興五年歲在丙辰佛弟子淸信女上部兒奄造釋迦文像願生生世世値佛聞法一切衆生同此願)"는 명문이 새겨져 있다.

석조불삼존상

비중리 석조불삼존상, 삼국시대 6세기말 7세기초, 높이 206cm, 너비 170cm, 충청북도 청주시 청원구 내수읍 비중리

석조불삼존상은 고구려 남하와 관련된 고구려 불상으로 보기도 한다.[49] 실제 이곳에서 멀지 않은 곳에는 부강의 남성골산성과 음성의 망이산성 등 고구려 유적이 분포한다. 다만 고구려 석조불상의 전모를 구체적으로 알 수 없는 현실에서 고구려 작으로 단정하기는 어렵다. 불상은 우리나라 석조불상 중에서 정면 양옆에 사자가 표현된 방형 대좌를 갖춘 드문 예라는 점에서, 보살상은 정병을 든 석조보살상의 첫 번째 예라는 점에서 주목된다.

---

49   椎橋宗利,「飛中里石佛試考-中原地方の石佛における高句麗様式南下の可能性に關して」,『上原和博士古稀記念美術史論集』(東京: 中央公論事業出版, 1995), pp. 141~162.

백제(서기전 18~후 660)에서는 중국 동진東晉에서 불교와 불상이 384년에 전래되고, 한산漢山(한성漢城, 서울)에 사원을 건립한 385년부터 웅진熊津(공주)의 대통사大通寺가 건립되던 527년까지 남아 있는 불상은 물론, 불교 관련 기록을 전혀 찾아볼 수가 없다. 백제 불상은 사비泗沘(부여) 시기(538~660)인 6세기 중엽에 양나라 불상의 영향을 받으면서 본격적으로 정립된다. 이 무렵부터 불교가 교학적·신앙적으로 발전하여 석가모니불상은 물론, 금동아미타불삼존상金銅阿彌陀佛三尊像 등이 조성되기도 한다. 그리고 6세기 후반부터 북제北齊(550~577) 불상의 영향을 받으면서 부드러운 조형성을 갖춘 다양한 도상圖像의 불교 존상이 나타난다.[01]

---

01 백제 불상에 관한 기존의 연구는 다음과 같다. 文明大,「百濟彫刻의 形式과 內容」,『百濟의 彫刻과 美術』(공주대학교박물관·충청남도, 1992), pp. 67~104; 金春實,「百濟 彫刻의 對外交涉」,『百濟 美術의 對外交涉』(서울: 도서출판 藝耕, 1998), pp. 79~129.

1. 왕경 부여의 불상

　　백제의 초기 불상은 불교가 전래된 후, 한산(한성)에 사원을 세웠다는 385년부터 성왕聖王이 양 무제梁武帝(502~549 재위)를 위하여 웅진에 대통사를 세운 527년까지 그 유례가 남아 있지 않아 구체적인 전모를 알 수가 없다. 불상 조성의 분위기는 사비로 천도한 538년부터 나타나는데,[02] 성왕, 위덕왕威德王(창왕昌王, 성왕의 아들), 혜왕惠王(성왕의 둘째 아들), 법왕法王(혜왕의 아들)[03]이 불교식 시호諡號를 사용하고, 왕실 발원의 사원이 창건되었다는 기록들이 이를 추측하게 만든다.

　　백제에 불교가 전래된 것은 384년에 동진의 마라난타摩羅難陀에 의해서

---

[02]　한성漢城 시기(서기전 18~서기후 475)에 불교가 전래되었지만, 한성(서울) 주변에서는 뚝섬 출토의 금동불좌상을 제외하곤 지금까지 불상이 발견된 적이 없다. 475년에 천도한 웅진(공주)에서도 지금까지 이렇다 할 불상이 출토되지 않았다.

[03]　2009년, 전라북도 익산益山의 미륵사지彌勒寺址 서삼층석탑에서 발견된 금제사리봉안기金製舍利奉安記(639년경)에서도 불佛을 법왕Dharmarāja으로 기록하고 있다. 금제사리봉안기의 명문 내용은 다음과 같다. "竊以法王出世隨機赴感應物現身如水中月是以託生王宮示滅雙樹遺形八斛利益三千遂使光耀五色行遶七遍神通變化不可思議我百濟王后佐平沙宅積德女種善因於曠劫受勝報於今生撫育萬民棟梁三寶故能謹捨淨財造立伽藍 以己亥年正月廿九日奉迎舍利願使世世供養劫劫無盡用此善根仰資大王陛下年壽與山岳齊固 寶曆共天地同久上弘正法下化蒼生又願王后卽身心同水鏡照法界而恒明身若金剛等虛空而不滅七世久遠並蒙福利凡是有心俱成佛道."(국립부여박물관·불교중앙박물관, 『백제 가람에 담긴 불교문화』, 2009, p. 137.).

금동불좌상, 5~6세기(백제 혹은 중국), 높이 5.5cm, 신리 출토, 국립부여박물관

불상은 뚝섬 출토 금동불좌상과 같은 형식이다. 그러나 뚝섬 출토 금동불좌상은 하나의 바깥틀만 사용한 통주通鑄
방식을 취하여 속이 꽉 차 있는 반면, 이 불상은 안틀과 바깥틀을 이용한 중공中空 방식으로 만들어져 속이 비어 있
다. 6세기의 백제 금동불들이 대부분 통주 방식으로 만들어졌다는 점에서 보면, 불상의 주조법은 매우 이례적이
라고 할 수 있다. 참고로 중국에서는 중공 방식으로 만든 금동불상이 4세기부터 확인된다.

이다.04 호승胡僧이라고 기록된 그는 동진 승려가 아니라 동진에 불교를 전하러 왔던 인도나 중앙아시아 출신의 전법승傳法僧일 가능성이 높다.05 따라서 그가 전한 불교는 당시 동진의 격의불교格義佛敎(난해한 이론을 중국 사람에게 익숙한 유교나 도교의 개념으로 설명하는 불교)라기보다 인도 불교에 가까운 것으로 추정된다. 동진의 수도 건강(난징)의 도량사道場寺에는 불타발타라佛陀跋陀羅(359~429) 등 인도와 중앙아시아에서 온 승려들이 경전을 번역하고 있었는데,06 마라난타도 이들 중 한 사람이었던 것으로 생각된다.

백제 불교는 마라난타의 개인적인 차원이 아니라 양국 간의 외교 관계 속에서 시작되었으며, 침류왕이 385년에 한산에 사원을 짓고 10명을 출가시키는 등 국가적인 후원 속에서 발전하였다. 백제 최초의 이 사원에 봉안한 불상은 마라난타가 가져왔을 법한 것으로 추정되는데, 부여의 신리新里 사지寺址에서 출토된 6세기의 금동불좌상과 별반 차이가 없었을 것이다.

금동불좌상은 부여에서 출토되었지만, 조성 시기는 웅진 시기에 해당된다. 불상은 통견 방식으로 법의를 입고 있으며, 선정인을 결한 채 가부좌하고 있다. 삼국시대 6세기의 금동불상에서는 거의 없는 안틀과 바깥틀을 이용한 중공中空 방식으로 주조되었으며, 별도로 만든 좌대座臺 위에 끼웠던 것으로

---

04 『三國史記』권제24, 百濟本紀 제2, 枕流王 원년. 한편 『해동고승전』에는 마라난타가 392년(침류왕 9) 9월에 뱃길로 백제에 왔다고 기록되어 있다(『海東高僧傳』 권제1, 釋摩羅難陀, T. 50, No. 2065, p. 1017중.). 6세기 전반에 불교가 전래되었다는 설도 있는데, 이는 『삼국사기』에 384년부터 541년(성왕 19)까지 백제의 불교 관련 기록이 전무하다는 점과 한성 주변에서 초기의 불교 관련 유적이 지금까지 발견되지 않는다는 점에 근거한다. 사실 동진에서 불교가 전래된 것은 백제가 372년부터 창장(長江, 양쯔장揚子江) 주변의 남조 귀족 문화를 본격적으로 수용한 것과 관련된다.

05 마라난타는 남조와 활발하게 교류하던 토욕혼吐谷渾 출신의 승려일 가능성도 있다.

06 법현法顯도 도량사에 머물던 외국 승려들로부터 인도와 중앙아시아에 대한 정보를 듣고, 399년에 인도로 구법 여행을 떠나 413년에 귀국한 것으로 추정된다. 그의 여행기는 『고승법현전高僧法顯傳』(일명 『불국기佛國記』)에 수록되어 있다.

금동불좌상, 4세기 후반, 높이 17.6cm, 허베이성(河北省) 쓰자장(石家庄) 출토, 중국 허베이(河北)박물원
불상은 신리 출토 금동불좌상의 원래 모습을 추정하는데 좋은 참고 자료가 된다.

보인다.

　　한성과 웅진 시기의 백제 불상들은 현존하지 않아 어떤 모습인지 알 수
가 없다. 그러나 백제에서도 고구려와 같이 초기에는 석가모니불상이 조성되
다가 6세기 이후 다양한 불상과 보살상이 만들어졌던 것으로 추정된다.[07] 성

07　612년, 백제 출신의 노자공路子工(시키마로芝耆摩呂)이 수미산형須彌山形을 조성했다
　　는 『일본서기』의 기록(『日本書紀』 권제22, 豊御食炊屋姫天皇 推古天皇 廿年二月(연민
　　수·김은숙·이근우·정효운·나행주·서보경·박재용, 『역주 일본서기』3, 동북아역사 자
　　료총서124(서울: 동북아역사재단, 2013), p. 74 재인용.)과 백제의 수미산 조경을 답습한
　　것으로 추정되는 수미산 석물石物(일본 아스카(飛鳥)자료관)은 7세기 초 백제에서 이
　　미 수미산 세계관을 가지고 있었음을 알려 준다. 사실 백제에서 수미산에 대한 관념이
　　시작된 것은 자신을 전륜성왕轉輪聖王이라고 여겼던 성왕聖王(523~554 재위) 때부터
　　라고 볼 수 있다. 전륜성왕은 수미산을 둘러싸고 있는 동쪽 섬 승신주勝身洲, 남쪽 섬 섬
　　부주瞻部洲, 서쪽 섬 우화주牛貨洲, 북쪽 섬 구로주俱盧洲의 4주洲를 통치한다는 이상
　　적인 제왕帝王이다. 전륜성왕 중에서 금륜왕金輪王은 수미사대주須彌四大洲를, 은륜왕

왕이 538년에 태자상太子像과 관불반灌佛盤을 왜倭(일본)에 보낸 기록[08]은 금동
탄생불입상金銅誕生佛立像의 조성과 석가탄신일에 태자상을 목욕시키는 관불
의식이 6세기 초 백제에서도 이루어졌음을 알려 준다. 또한 552년에 금동아
미타불삼존상을 왜에 보낸 기록은 6세기 중엽에 아미타불의 정토 신앙이 유
행하고 있었음을 추측하게 한다.[09] 7세기 이후에는 관음보살입상이 아미타불
상의 협시상이 아니라 독존 형식으로 조성될 만큼 관음 신앙이 유행하였고,
639년경에 완성된 익산의 미륵사彌勒寺에서는 미륵하생신앙彌勒下生信仰을 가
람伽藍 배치 속에 구현한 것을 엿볼 수 있다.[10] 또한 부여 관북리官北里에서는
654년에 사택지적砂宅智積이 자신의 원찰願刹을 조성하고 이를 기념하기 위해
세운 사택지적비가 발견되었는데[11], 이는 백제 귀족의 법화法華 신앙을 보여
준다.[12]

銀輪王은 동·남·서 3대주를, 동륜왕銅輪王은 동·남 2대주를, 철륜왕鐵輪王은 남섬부주
를 통치한다고 한다. 참고로 인도 마우리아Maurya왕조의 아소카Aśoka왕(서기전 268년
경~232년경 재위)은 스스로 철륜왕이라고 생각하였다.

08 喜田貞吉, 「醍醐寺本諸寺緣起所收「元興寺緣起」に就いて(上)」, 『史林』 10-4(1925), pp.
    517~523 재인용.

09 무령왕릉武寧王陵 출토의 왕비 목침木枕(529년경)에 그려진 연화화생蓮花化生 장면은
    백제 왕실의 불교 세계관을 잘 보여 준다. 무령왕릉에서는 다양한 남조 문화의 영향이
    확인되어 연화화생 역시 남조와 관련될 가능성이 높다. 6세기 이후 백제는 기와와 벽돌
    제작, 회화, 서예 등 남조의 다양한 문화를 적극적으로 수용하려고 노력하였다(이기동,
    「제1장 백제사의 특징」, 『百濟寺 叢論』 百濟文化史大系 硏究叢書1(충청남도역사문화연
    구원, 2007), pp. 52~55.).

10 고구려의 영강 7년(551)명 금동광배의 명문(65쪽)에도 미륵하생신앙彌勒下生信仰과 관
    련된 미륵불의 용화삼회龍華三會 설법 내용이 확인된다.

11 洪思俊, 「百濟 砂宅智積碑에 對하여」, 『歷史學報』 6(역사학회, 1954), pp. 254~258; 조
    경철, 「백제 사택지적비에 나타난 불교신앙」, 『역사와 현실』 52(한국역사연구회, 2004),
    pp. 149~177; 이은솔, 「백제 砂宅智積碑의 재검토」, 『목간과 문자』 13(한국목간학회,
    2014), pp. 217~225.

12 7세기에 백제에서 법화 사상이 유행하였음은 『송고승전』의 기록에서도 확인된다. 즉 해

6세기 이후, 백제 불상은 양나라 불상의 영향을 적지 않게 받았다.[13] 성왕은 양 무제가 새로 "대통大通"이라는 연호를 발표하자 527년에 웅진에 대통사를 건립하였고[14], 541년(성왕 19)에는 양나라에 사신을 보내어 『열반경涅槃經』 등의 경전을 요청하기도 하였다.[15] 특히 541년에 백제에 온 양나라 공장工匠(장인)과 화사畵師들은 백제 불상의 조형적인 변화에 적지 않은 영향을 미쳤던 것으로 짐작된다.[16]

동해東海 웅주熊州 출신의 승려 현광玄光이 남조 진陳에서 남악南岳 혜사慧思(514~577)로부터 『묘법연화경妙法蓮華經』「안락품安樂品」을 배우고 법화삼매法華三昧를 깨달은 후 귀국하여 웅주 옹산翁山에 사원을 짓고 교화를 펼쳤다는 내용이 그것이다(『宋高僧傳』 권제18, 陳新羅國玄光傳, T. 50, No. 2061, pp. 820하~821상.).

13 526년(성왕 4), 백제 승려 겸익謙益이 천축天竺(인도)에서 유학한 후 천축 승려 배달타倍達陀 삼장三藏과 같이 귀국하였다는 기록이 있어서 인도 불교의 영향도 추측할 수 있다. 그러나 이 기록은 백제 불교의 전통을 인도에서 직접 찾으려는 의도에 의해 각색된 것으로 보기도 한다. 중국 불상과 백제 불상과의 관계에 대해서는 다음을 참조하였다. 金理那, 「百濟初期 佛像樣式의 成立과 中國佛像」, 『百濟史의 比較研究』, 百濟研究叢書 3(충남대학교 백제연구소, 1993), pp. 231~272; 久野健, 「百濟佛と中國南朝の佛像」, 『于江權兒遠教授定年記念論叢』(대전: 世宗文化社, 1994), pp. 145~167; 金春實, 「百濟彫刻의 對中交涉」, 『百濟美術의 對外交涉』(서울: 도서출판 藝耕, 1998), pp. 79~129; 鄭永鎬, 「百濟佛像의 原流試論」, 『史學研究』 55·56(한국사학회, 1998), pp. 23~31; 김리나, 「百濟 佛教彫刻 樣式의 전개와 中國의 영향」, 『韓國古代佛教彫刻比較研究』(서울: 文藝出版社, 2003), pp. 101~126.

14 대통사의 조성은 『삼국유사』에서 그 기록을 찾을 수 있다(『三國遺事』 권제3, 興法 제3, [原宗興法厭髑滅身]: "…又於大通元年丁未爲梁帝創寺於熊川州名大通寺…"). 한편 "大通"이 『묘법연화경』「화성유품化城喩品」의 대통지승여래大通智勝如來에서 유래된 것으로 보기도 한다(신종원, 「제4장 불교 제1절 불교의 수용과 그 전개」, 『百濟의 祭儀와 宗教』 百濟文化史大系 研究叢書13(충청남도역사문화연구원, 2007), pp. 274~276.). 대통사지는 공주시 반죽동班竹洞 사지로 비정된다.

15 『梁書』 권제54, 列傳 제48, 諸夷, p. 805: "中大通六年大同七年累遣使獻方物請涅槃等經義毛詩博士幷工匠畵師等勅並給之…".

16 양의 6세기 전반, 장승요張僧繇에 의하여 동진東晉(317~419)의 고개지顧愷之와 송宋(420~479)의 육탐미陸探微의 조각풍에서 벗어나 부드럽고 둥근 조형의 불상이 나타난

납석제 불삼존상, 백제 6세기 후반, 높이 11cm, 정림사지 출토, 국립부여박물관
1979년, 정림사지 서회랑과 남회랑이 만나는 곳의 기와 구덩이에서 100여 점의 소조상 편이 출토되었다.

　　한편 『일본서기日本書紀』 등 일본 측의 기록을 통해서도 백제 불상의 전모를 확인할 수 있다. 성왕이 538년에 금동탄생불입상과 552년에 금동아미타불삼존상을 왜에 보냈다는 기록 외에 562년에 야마토노쿠스시노오미(和藥使主)가 불상을, 584년에 카후카노오미(鹿深臣)가 미륵석상을, 사에키노무라지(佐伯連)가 불상 1존을 각각 왜로 가져왔다는 기록이 그것이다. 이러한 사실은 6세기에 석가모니불상, 아미타불상, 미륵불상 등 다양한 불상이 백제에서 조성되

다(米芾, 『畫史』, [六朝畫], 『文淵閣四庫全書』(臺北: 臺灣商務印書館, 1983), 子部 118, 藝術類, No. 812, p. 4상.). 그러나 6세기 말 백제 불상에 보이는 부드러운 조형성은 장승요의 조각풍 외에 6세기 후반부터 유입된 북제北齊(550~577)의 조중달曹仲達의 조각풍과도 연관된다. 조중달의 조각풍에 대해서는 다음을 참조하였다. 邱忠鳴, 「曹仲達與"曹家樣"研究」, 『故宮博物院院刊』 2006-5, pp. 86~105.

석조불좌상, 남제 483년, 높이 1.17m,
청두(成都) 만불사지 출토, 중국 쓰촨(四川)박물원
석조불좌상은 군수리 사지 출토 석조불좌상에
보이는 상현좌의 원류를 추측하는데 좋은 참고 자
료가 된다.

었음을 역으로 알려 준다.

백제가 부여로 천도할 때, 왕경 조성의 계획 속에 있던 대표적인 사원인 정림사定林寺는 중국 난징(남조의 수도, 건강)의 종산鍾山 정림사(상정림사上定林寺, 5세기 후반 6세기 전반), 일본 아스카(飛鳥)의 정림사(7세기)와 같은 이름을 가진 국제적인 성격의 사원이다. 『일본서기』에는 부여 정림사의 금당金堂(법당)에 모든 중생들의 깨달음을 위하여 545년(성왕 23)에 만든 장육존상丈六尊像이 봉안되어 있었다는 기록이 있다.[17] 양과의 교류를 짐작하게 하는 정림사에 장육존상이 있었다면, 당시 양나라에서 유행한 아육왕상阿育王像일 가능성도 없지 않다.[18] "선정지림禪定之林"에서 유래된 정림사의 이름에서는 6세기 중엽에 이루어진 백제 승려들

17 『日本書紀』 권제19, 天國排開廣庭天皇 欽明天皇 六年秋九月(연민수·김은숙·이근우·정효운·나행주·서보경·박재용, 『역주 일본서기』 2, 동북아역사 자료총서124(서울: 동북아역사재단, 2013), p. 364 재인용.).

18 길기태, 「백제 성왕대 장육불상 조성의 의미」, 『韓國古代史探究』 37(한국고대사탐구학회, 2021), pp. 104~111. 한편 정림사지 출토의 소조상에 대해서는 다음을 참조하였다. 李炳鎬, 「扶餘 定林寺址 出土 塑造像의 製作技法과 奉安場所」, 『美術資料』 72·73(국립중앙박물관 미술부, 2005), pp. 29~90; 李炳鎬, 「扶餘 定林寺址 出土 塑造像의 製作時期와 系統」, 『美術資料』 74(국립중앙박물관 미술부, 2006), pp. 31~56.; 김춘실, 「부여 정림사지 출토 불상」, 『定林寺-역사문화적 가치와 연구현황』(국립문화재연구소·부여군, 2008), pp. 119~128; 李炳鎬, 『백제 불교사원의 성립과 전개』(서울: 사회평론, 2014), pp. 274~316.

석조불좌상, 백제 6세기 중엽, 높이 13.5cm, 군수리 사지 출토, 국립중앙박물관

의 선관 수행을 연상할 수 있다. 이곳에서 멀지 않는 부여 군수리軍守里 사지에서는 선관 수행의 대상으로 조성된 석조불좌상이 출토되었다.

　　1936년, 군수리 사지의 목탑지 중심부에서 발견된 이 불상은 통견 방식으로 법의를 입고, 방형 대좌 위에서 선정인을 결한 채 가부좌하고 있다.[19] 살짝 뜬 눈, 턱을 앞으로 내민 채 약간 숙인 얼굴, 곧은 자세의 상체에서 명상하는 석가모니불의 모습이 연상된다. 몸에 비해 큰 머리와 손, 좌우대칭을 이룬 법의 주름에서는 초기 불상의 특징이 엿보이며, 통통한 얼굴과 부드러운 표정은 영락없는 백제 불상 임을 알려 준다. 법의 자락은 가슴 앞에서 U자를 그리며 흘러내려 대좌의 윗 부분을 덮고 있다. 이런 형식의 대좌를 상현좌裳懸座라

19　군수리 사지 출토의 석조불좌상에 대해서는 다음을 참조하였다. 金理那, 「百濟初期 佛像樣式의 成立과 中國佛像」, 『百濟史의 比較研究』, 百濟研究叢書 3(충남대학교 백제연구소, 1993), pp. 70~110; 金春實, 「百濟 6세기후반 蠟石製 佛像 研究」, 『美術史學研究』 250·251(한국미술사학회, 2006), pp. 5~38.

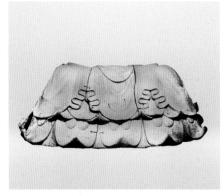

소조대좌, 백제 7세기 전반, 높이 90cm, 하단 너비 280cm, 청양 출토, 국립공주박물관

고 한다. 비슷한 예로 충청남도 청양군靑陽郡 목면木面 본의리本義里 가마터에
서 출토된 소조塑造대좌가 있다.[20] 소조대좌 위에 봉안된 불상도 선정인이나
설법인의 소조불좌상으로 추정된다.[21] 군수리 사지 출토의 석조불좌상에 사
용된 무른 재질의 곱돌(활석滑石, 납석蠟石)[22]은 부여의 부소산성扶蘇山城에서 출토

20 朴永福, 「靑陽陶製佛像臺座 調査報告」, 『美術資料』 49(국립중앙박물관 미술부, 1992),
    pp. 64~91; 안병찬, 「청양 도제 불상 대좌의 복원과 제작기법」, 『美術資料』 51(국립중앙
    박물관 미술부, 1993), pp. 150~163; 양은경, 「청양 본의리 가마 출토 백제 소조 대좌: 언
    제 어떻게 왜 만들었나?」, 『美術史學硏究』 317(한국미술사학회, 2023), pp. 77~101.

21 소조불좌상은 선정인을 한 석가모니불상이거나 백제와 교류가 활발했던 남조 제齊의
    483년명 석조미륵불좌상과 같은 설법인의 미륵불이었을 것으로 추정된다. 483년명 석
    조미륵불좌상에 대해서는 다음을 참조하였다. 袁曙光, 「四川茂汶南齊永明造像碑及有關
    問題」, 『文物』 1992-2, pp. 67~71; 邵磊, 「茂汶南齊永明造像碑質疑」, 『四川文物』 2001-3,
    pp. 51~54.

22 곱돌로 만든 불상과 보살상은 북제北齊의 백옥제白玉製 불교 존상과 관련될 가능성이
    높다. 북제 황제들이 행한 불살생계不殺生戒의 영향을 받아 599년(법왕 원년) 12월에
    법왕法王(599~600 재위)이 살생을 금하는 영令을 내린 사실은 북제 불교 문화의 영향
    이 백제에 상당히 미치고 있었음을 유추하게 한다. 북제의 백옥제 불상에 대해서는 다
    음을 참조하였다. 楊伯達, 「曲陽修德寺出土紀年造像的藝術風格與特徵」, 『故宮博物院院

석조불보살병립상, 백제 6세기, 높이 16.4cm, 제천시 청풍면 읍리 사지 출토, 국립청주박물관

된 석조보살반가사유상과 충청북도 제천시堤川市 청풍면淸風面 읍리邑里의 사지에서 발견된 석조불보살병립상石造佛菩薩竝立像과 같이 주로 백제 지역에서 사용되던 불상재佛像材이다.[23] 군수리 출토의 석조불좌상은 뒷면이 밋밋하게

刊』 2(1960), pp. 43~52; 楊伯達,『埋もれた中國石佛の硏究』(東京: 東京藝術, 1985); 馮驚軍,『曲陽白石造像硏究』(北京: 紫禁城出版社, 2005); 故宮博物院 編,『故宮收藏 你应該知道的200件曲阳造像』(北京: 紫禁城出版社, 2009).

23 불보살병립상의 원류를 북제의 쌍존상雙尊像에서 찾기도 한다(姜友邦,「傳扶餘出土 蠟石製 佛菩薩竝立像攷-韓國佛에 끼친 北齊佛의 一影響-」,『考古美術』 138·139(한국미술사학회, 1978), pp. 5~13(『圓融과 調和』(서울: 悅話堂, 1990), pp. 130~138.)). 사실 쌍존상은 쓰촨성 원촨현(汶川縣)에서 출토된 쌍보살입상과 같이 남조에서 이미 5세기 말 6세기 초에 조성되지만, 불보살병립상은 중국에서도 그 예를 찾을 수가 없다. 다만 불상과 보살상을 앞뒷면에 표현한 예는 더러 확인되는데, 미륵불상과 미륵보살상을 앞뒤에 걸쳐 새긴 북제의 552년(天保 3)명 석조미륵불오존상石造彌勒佛五尊像은 대표적인 예이다.

소조승려상 머리, 북위 6세기 초, 높이 13.7cm,
하난성(河南省) 뤄양 영령사永寧寺 탑지塔址 출토,
중국사회과학원 고고연구소

소조승려상 머리, 백제 6세기 후반, 높이 9.5cm,
능산리 사지 출토, 국립부여박물관
능산리 사지 출토 소조상들은 1993년과 1995년에 걸
쳐 목탑지 심초석에서 20여 점, 중문지 남쪽에서 2점,
강당지 북쪽에서 1점이 각각 출토되었다.

금동광배 편, 백제 6세기 후반, 길이 49.5cm, 능산리 사지 출토, 국립부여박물관
금동광배 편은 중앙과 외연을 구분하는 선의 형태로 보아 부소산성 출토의 금동광배(94쪽)와 같이 두광의 일부로 생
각된다. 추정 복원 크기로 미루어 볼 때, 금당 주존 불상의 것일 가능성이 높다. 정교하게 표현된 인동문에서는 생동
감과 입체감을 느낄 수 있다. 같은 사지에서 금동대향로와 창왕昌王명 석조사리함石造舍利函(567년)이 출토되었다.

처리되어 있고 방형 대좌의 아래쪽을 어딘가에 끼우기 위해 네모나게 깎은 것을 통하여 원래는 광배와 좌대가 있었던 것으로 추측된다. 불상은 존명을 특정할 만한 어떠한 기록도 남아 있지 않으나, 당시의 분위기로 보아 석가모니불일 가능성이 높다.

현존하는 백제 불상은 대부분 위덕왕(554~598 재위)과[24] 무왕武王(600~641 재위) 때인 6세기 후반과 7세기 전반에 조성된 것이다. 위덕왕은 567년경에 부여 능산리陵山里에 아버지 성왕을 위하여 능사陵寺를[25], 577년에는 먼저 죽은 아들들을 위하여 백마강白馬江 가에 왕흥사王興寺(634년 완공)를 조성하였다.[26] 무왕은 639년경에 전라북도 익산益山에 백제 최대의 사원인 미륵사를 조성하였다. 능사, 왕흥사, 미륵사에 봉안된 불상들은 남아 있지 않으나 당시 왕실에서 얼마나 활발하게 불상을 조성했는지는 상상하기에 충분하다.

왕경 부여의 사지에서는 다수의 불상들이 출토되었다. 군수리 사지 출토 금동보살입상, 신리 출토 금동보살입상, 부소산성 송월대送月臺에서 수습된 정지원명鄭智遠銘 금동불삼존상, 가탑리 출토 금동불입상, 부소산성 출토 석조보살반가사유상, 부여 규암면 출토 금동관음보살입상 등은 대표적인 예이다.

군수리 사지 출토의 금동보살입상은 온화한 얼굴 표정, 몸 양옆으로 일

24　"백제의 여창餘昌(위덕왕威德王)이 부왕인 성왕을 위하여 출가 수행하려다가 여러 신하와 백성들의 간청으로 그만두고, 대신 100명을 출가시켜 승려가 되게 하였다"는 『일본서기』의 기록(『日本書紀』 권제19, 天國排開廣庭天皇 欽明天皇 十六年八月(연민수·김은숙·이근우·정효운·나행주·서보경·박재용, 『역주 일본서기』2, 동북아역사 자료총서 124(서울: 동북아역사재단, 2013), p. 389 재인용.)은 위덕왕이 독실한 불교 신도였음을 알려 준다.

25　부여 능산리의 능사陵寺로 추정되는 사지에서는 567년(창왕 13)에 성왕의 딸이자 창왕 昌王(위덕왕)의 누이가 사리를 공양한다("百濟昌十三季太歲在丁亥妹兄公主供養舍利") 는 명문을 지닌 창왕명昌王銘 석조사리함石造舍利函이 출토되었다.

26　『삼국사기』에는 600년(법왕 2) 정월에 왕흥사를 창건하고, 634년(무왕 35)에 준공한 것으로 기록되어 있다(『三國史記』 권제27, 百濟本紀 제5, 法王 2년과 武王 35년.).

금동보살입상, 백제 6세기 중엽, 높이 11.2cm, 군수리 사지 출토, 국립중앙박물관
1936년, 석조불좌상과 함께 목탑지 중심부에서 출토되었다. 보살상은 불삼존상의 협시상으로 추정된다.

금동보살입상, 백제 6세기 중엽, 높이 10.2cm, 신리 출토, 국립부여박물관

정지원명 금동불삼존상, 6세기 중엽(백제 혹은 중국 남조), 높이 8.5cm, 국립중앙박물관
협시보살상들은 중국 남조의 보살상과 일본 주구지(中宮寺) 보살반가사유상과 같이
정수리의 머리 카락이 두 개로 묶여 있다.

금동불삼존상, 남조 6세기, 높이 12.3cm,
장쑤성(江蘇省) 난징 더지광장(德基廣
場) 출토, 중국 난징시박물관
불삼존상은 도상적·형식적으로 정지원
명 금동불삼존상과 유사하다.

정하게 흘러내린 천의天衣, 부드럽게 정리된 치마 주름, 넓고 편평한 연판이
새겨진 대좌를 갖추고 있다. 신리 출토 금동보살입상의 얼굴 표정과 대좌의
연판 모양은 군수리 출토의 금동보살입상의 그것과 많이 닮았다. 정지원명 금
동불삼존상은 백제 불상인지 중국의 남조 불상인지에 대한 논란은 있지만, 백
제의 왕성인 부소산성 송월대에서 출토되었다는 점에서 주목된다.[27] 부소산

---

27 광배 뒷면에는 "정지원은 죽은 아내 조사를 위하여 삼가 금상을 조성하오니 (아내가) 조속
   히 삼악도에서 벗어나게 해 주소서(鄭智遠爲亡妻趙思敬造金像早離三途)."라는 명문이 새
   겨져 있다. 명문에 기록된 정지원과 조사가 중국 사람의 이름이라는 점에 주목하여 출토 당
   시부터 중국 불상일 가능성이 제기되었다(洪思俊,「百濟 砂宅智積碑에 對하여」,『歷史學報』
   6(역사학회, 1954), pp. 254~255.). 2008년, 장쑤성(江蘇省) 난징시 신제커우(新街口) 더지
   광장(德基廣場)에서 출토된 양의 527년명 금동불삼존상과 도상 구성, 명문 형식, 조형적인
   특징이 닮아서 남조 불상으로 보기도 한다(곽동석,「금동일광삼존불의 기원과 전개양상」,

석조보살반가사유상, 백제 7세기 전반, 높이 13.5cm, 부소산성 출토, 국립부여박물관

금동불입상, 백제 7세기 전반, 높이 14.8cm, 가탑리 출토, 국립중앙박물관

성 출토의 석조보살반가사유상은 상체가 없으나 다리 밑으로 길게 늘어진 특징적인 법의 주름을 갖추고 있는데, 반가사유상이 분명하여 선관 수행의 대상으로 조성된 미륵보살상 임을 알 수 있다. 그리고 가탑리 출토 금동불입상[28]의 둥글고 부드러운 조형과 오른쪽으로 살짝 쏠린 법의 주름은 7세기 초에 백제 불상에서 조형적인 변화가 일어나고 있음을 보여 준다.

7세기 이후, 관음보살신앙이 유행하면서 관음보살입상이 독존 형식으로

『고대불교조각대전』(국립중앙박물관, 2015), p. 216.). 남조 설의 또 다른 근거로 백제에서는 대부분 연호 대신 간지를 사용하는데 불상에서는 연호와 간지가 없다는 점을 들고 있다.

28 大西修也, 「百濟佛立像と一光三尊形式-佳塔里廢寺址出土金銅佛立像をめぐって-」, 『Museum』 315(1977), pp. 22~34.

석조관음보살군상, 양 548년, 높이 44cm, 중국 쓰촨(四川)박물원
백제에서 조성된 독존의 관음보살입상은 그 원류를 남조 양梁에서 찾을 수 있다.

조성된다.[29] 이는 548년에 이미 관음보살입상이 주존으로 조성되던 양나라의
영향에 의한 것으로 추정된다.[30] 발정發正 등 백제 승려들이 남조에서『묘법연

---

29 성왕 때인 552년에 금동아미타불삼존상을 왜에 보냈다는 기록은 6세기 중엽에 관음보
    살상이 독존상이 아니라 아미타불상의 협시상으로 조성되었음을 알려 준다. 그러나 현
    존하는 7세기의 금동관음보살입상은 광배 촉의 위치와 대좌의 형태를 통하여 상당수
    가 독존상이라는 것을 알 수 있다. 보살상들은 모두 관음보살이라는 명문을 갖추진 않
    았으나 보관에 새겨진 화불化佛과 손에 든 정병淨甁은 관음보살일 가능성에 힘을 보태
    준다. 관음보살의 도상에 대해서는 다음의 경전을 참조하였다.『觀無量壽佛經』, T. 12,
    No. 365, p. 343하:"…佛告阿難及韋提希見無量壽佛了了分明已次亦應觀觀世音菩薩此菩薩
    身長八十億那他恒河沙由旬身紫金色頂有肉髻項有圓光面各百千由旬其圓光中有五百
    化佛如釋迦牟尼一一化佛有五百菩薩無量諸天以爲侍者擧身光中五道衆生一切色相 皆於
    中現 頂上毘楞伽摩尼妙寶以爲天冠 其天冠中有一立化佛高二十五由旬…".
30 중국 쓰촨(四川)박물원에 소장된 양의 548년(中大同 3)명 석조관음보살군상은 비구 ■
    愛가 발원한 "官世菩薩(관세음보살)"이다. 군상群像은 관음보살상과 4존의 보살상, 4존

금동관음보살입상, 백제 7세기 전반, 높이 25cm,
송정리 출토, 국립공주박물관
1974년, 공주시 의당면 송정리 사지에서 출토되었다.

화경妙法蓮華經』「관세음보살보문품觀世音菩薩普門品」을 공부하고 귀국하면서 관음보살의 영험靈驗 신앙이 6세기 후반부터 백제에서 유행하였다. 이러한 분위기가 이어져 7세기에는 관음보살이 독존상으로 만들어진다. 대표적인 예로 공주 의당면儀堂面 송정리松亭里 사지에서 출토된 금동관음보살입상과 부여의 규암면 사지에서 출토된 2존의 금동관음보살입상이 있다.

송정리 출토의 금동관음보살입상은 오른손을 들어 올려 연꽃 봉오리를, 왼손을 내려서 정병淨甁을 잡고 있다. 양쪽 어깨에 걸친 천의는 흘러내려 무릎 앞에서 교차한 다음, 양 끝단이 다시 팔뚝 위를 감고 있다. 상체 뒷면의 천의는 길게 U자 모양을 이루고 있는데, 이는 백제 보살상에서 많이 보이는 특징이다. 미소를 머금은 부드러운 얼굴 표정, 전체적인 자태와 신체 비례, 바깥틀만 사용한 통주 방식의 제작법 등은 보살상이 7세기 초에 조성되었음을 알려 준다.[31] 보관 중앙에는 관음보살의 도상적인 특징인 불좌상(화불化佛)이 표현되어 있다.

7세기 중엽이 되면, 6세기 금동보살입상의 특징인 정면관正面觀의 자세와 경직된 조형에서 완전히 벗어난다. 즉 늘씬한 신체 비례, 한쪽 무릎을 살짝 내밀고 있는 자연스러운 자세, 몸의 굴곡을 따라 유기적으로 표현된 법의 주름, 다양한 천의 형식을 갖추게 된다. 얼굴에서는 양감을, 몸에서는 입체감을, 몸에서 떨어져 있는 팔에서는 공간감을 느낄 수 있다. 대표적인 예가 규암면

의 비구상, 2존의 금강역사상으로 이루어져 있다(배재호, 『중국 불상의 세계』(파주: 景仁文化社, 2018), p. 66 및 p. 100의 주44.).

31 금동관음보살입상에 대해서는 다음을 참조하였다. 金永培, 「公州儀堂出土 金銅菩薩立像」, 『百濟文化』 7·8(공주대학교 백제문화연구소, 1975), pp. 259~265. 한편 보살상은 일본 하쿠호(白鳳)시대인 7세기 말에 조성된 나라(奈良) 호류지(法隆寺)의 건칠관음보살입상乾漆觀音菩薩立像과 조형적으로 닮아서 하쿠호시대 보살상에 미친 백제의 영향을 보여 준다.

금동관음보살입상, 백제 7세기 중엽, 높이 21.1cm, 규암면 출토, 국립부여박물관
1907년, 부여군 규암면 사지에서 출토되었다고 한다.

금동관음보살입상, 백제 7세기 중엽, 높이 26.4cm,
일본 개인 소장

에서 출토된 2존의 금동관음보살입상이다.[32]

두 보살상 중에서 현재 국립부여박물관에 있는 보살상은 머리카락을 틀어 올리고 정면에 화불이 표현된 보관을 쓰고 있다. 오른손은 높이 들어 올려 보주寶珠를 쥐고 있으며 왼손은 자연스럽게 내려뜨렸다. 보살상은 장방형의 통통한 머리와 균형 잡힌 늘씬한 몸을 가지고 있으며, 팔이 몸에서 떨어져 있다. 영락瓔珞은 몸의 앞뒤에 걸쳐 장식되어 있다. 일본 개인 소장의 보살상도 보관에 화불이 있어서 관음보살 임을 알 수 있다.[33] 전체적인 분위기는 국립부여박물관의 보살상과 같으나 얼굴 표정과 장신구 등 세부적으로는 차이를 보인다. 보살상은 오히려 경상북도 선산善山(현 구미시)에서 출토된 신라의 금동관음보살입상(184쪽)[34]과 조형적으로 닮아서 주목된다.

---

32 규암면 출토 금동관음보살입상에 대해서는 다음을 참고하였다. 김리나, 「고대 삼국의 불상-6~7세기 중국과의 관계를 중심으로-」, 『博物館紀要』 21(단국대학교 석주선기념박물관, 2006), pp. 37~60; 신용비·김지호, 「부여 규암리 출토 금동관음보살 입상의 형상과 제작기법」, 『박물관 보존과학』23(국립중앙박물관, 2020), pp. 1~16.

33 금동관음보살입상에 대해서는 다음을 참조하였다. 中吉功, 「三國時代の金銅佛」, 『新羅·高麗の佛像』(東京: 二玄社, 1971), pp. 28~29 및 p. 40; 임영애, 「백제 규암리 금동관음보살입상의 流轉, 그리고 그 성격」, 『미술사와 시각문화』 26(미술사와 시각문화학회, 2020), pp. 6~35.

34 선산 출토 금동불입상과 금동관음보살입상의 발견 경위에 대해서는 다음을 참고하였다. 姜仁求, 「善山 鳳漢二洞出土 金銅如來 菩薩立像發見始末」, 『考古美術』 129·130(한국미술사학회, 1976), pp. 87~99.

왕경 불상의 또다른 예

부소산성 출토 금동광배

금동광배, 백제 6세기 후반, 지름 12.6cm,
부소산성 출토, 국립부여박물관
1991년, 부소산성 동문지東門址 부근에서
출토되었다. 뒷면에 "何多冥(宜)藏法師(하다
명(의)장법사)"의 명문이 음각되어 있다.

부여 관북리 출토 금동광배

금동광배, 백제 6세기 후반, 11.9cm, 관북리 출토, 국립부여박물관

광배 가장자리의 6개 고리는 천인상天人像을 고정하기 위한 것으로 추정된다.[35] 이러한 형식은 갑인년왕연손명甲寅年王延孫銘 금동광배(214쪽)와 북위 524년명 금동불군상金銅佛群像의 주존 광배 등에서도 확인된다. 역동적인 모습의 화염문은 6세기의 조형적인 특징이다.

[비교 예] 금동불군상, 북위 524년, 높이 75cm, 미국 뉴욕 메트로폴리탄미술관

---

35   성윤길, 「부여 관북리 출토 금동광배」, 『美術資料』 74(국립중앙박물관 미술부, 2006), pp. 57~80.

2. 마애불상과 석조불상

백제 불상은 600년경부터 부드러운 조형으로 바뀌기 시작한다. 이는 6세기 중엽에 있었던 양나라 불상의 영향 외에 6세기 후반에 들어와 위덕왕이 북제北齊(567년)·북주北周(577년)와 교류하면서 북조北朝 불상의 영향을 받았기 때문이다.[36] 이러한 분위기 속에서 북조의 석굴石窟 조상과 마애상磨崖像을 답습한 마애불상도 백제에서 조성되는데, 이들 존상은 중국 산동성과 왕경 사비를 이어주는 충청남도 태안반도泰安半島 주변에 분포한다. 6세기 말 7세기 초의 예산禮山 화전리花田里 석조사면불상石造四面佛像, 7세기 초의 서산瑞山 용현리龍賢里 마애불삼존상(일명 서산마애삼존불상)과 태안 동문리東門里 마애보살삼존상(일명 태안마애삼존불상)이 그 예로, 모두 수준 높은 조형을 갖추고 있다. 명문이 남아 있지 않아서 불상에 대한 구체적인 조성 배경은 알 수 없으나 사람들의 접근이 어려운 깊은 산 속에 위치하여 승려들의 수행과 연관될 가능성이 높다.

화전리 석조사면불상은 장방형의 바위 네 면에 1존의 불좌상과 3존의 불입상을 돋을새김한 것이다.[37] 정면으로 추정되는 곳의 불좌상은 넓은 연판문

---

36 중국 남북조시대, 백제와 중국의 교류에 대해서는 다음을 참조하였다. 박윤선, 「위덕왕 대 백제와 남북조 관계」, 『역사와 현실』 61(한국역사연구회, 2006), pp. 87~117.

37 화전리 석조사면불상의 조성 시기에 대해서는 6세기 중엽 설(朴永福·趙由典, 「禮山百濟四面石佛調査 및 發掘」, 『文化財』 16(문화재관리국(국립문화재연구원), 1983), pp. 1~49; 박영복, 「禮山 百濟 四面石佛의 考察」, 『尹武炳博士回甲紀念論叢』(尹武炳博士回

화전리 석조사면불상, 백제 6세기 말 7세기 초, 불입상 높이 약 170~100cm,
불좌상 높이 약 130cm, 충청남도 예산군 포산면 화전리(사진:김민규)

동면 불상 머리, 높이 18cm,
국립공주박물관

　　　甲紀念論叢刊行委員會, 1984), pp. 323~358; 文明大,「百濟 四方佛의 起源과 禮山 石柱
　　　四方佛像의 硏究」,『韓國佛敎美術史論』(서울: 民族社, 1987), pp. 37~71; 鄭載潤,「禮山
　　　四面石佛의 조성 시기와 그 배경」,『百濟硏究』45(충남대학교 백제연구소, 2007), pp.
　　　37~52.), 6세기 후반 설(大西修也,「百濟佛再考−新發見の百濟石佛と偏衫を着用した服

蓮瓣文이 새겨진 두광과 신광, 화염문이 선명하게 조각된 거신광擧身光을 갖추고 있다. 바위의 네 방향에 불상이 있어서 사방정토四方淨土에 있는 불상, 즉 사방불四方佛로 보는 견해도 있지만[38], 불상의 크기와 형식이 같은 일반적인 사방불상과는 다른 모습이다. 중국의 예를 참조해 볼 때[39], 현겁천불賢劫千佛 중에서 현겁 제1불부터 제4불을 표현하였을 가능성도 없지 않다.[40] 즉 석가모니불이 인간 세상에서 설법하고 있는 시점에서 보면, 현재불이자 현겁 제4불인 석가모니불은 좌상으로, 이미 인간 세상에 왔다 간 과거불인 현겁 제1불, 제2불, 제3불은 입상으로 조성했을 것으로 추정된다. 한편 명문 완독이 어려워 어떤 존상인지는 알 수 없지만, 산동성 까오뤼진(高柳鎭) 난스타촌(南石塔村)

制をめぐって-」,『佛敎藝術』149(1983), pp. 11~26; 金春實,「百濟 彫刻의 對外交涉」,『百濟 美術의 對外交涉』(서울: 도서출판 藝耕, 1998), pp. 79~129; 정은우,「예산 사면석불의 미술사적 검토」,『百濟文化』34(공주대학교 백제문화연구소, 2005), pp. 215~234; 예산군,『예산 화전리 석조사면불상 정밀실측조사보고서』, 2017.), 6세기말 7세기초 설(소현숙,「禮山 四面石佛의 제작 時期와 性格, 그리고 百濟의 對中交涉-四面像의 형식과 착의법을 중심으로-」,『東岳美術史學』26(동악미술사학회, 2019), pp. 71~95.)이 있다. 석조사면불상에는 이들 불상 외에 남면 불상과 동면 불상 사이에 새겨진 공양인상供養人像도 있다(정은우,「예산 사면석불의 미술사적 검토」,『百濟文化』34(공주대학교 백제문화연구소, 2005), p. 221.).

38 588년, 일본에 건너간 백제의 사공寺工, 노반박사鑪盤博士, 와박사瓦博士, 화공畵工 등이 596년경에 겐고지(元興寺) 오중탑五重塔을 세우고, 그 속에 사방불상을 조성한 것을 통하여 6세기 말에 백제에서도 사방불상이 있었을 것으로 추정된다.

39 불상 형식과 구성은 다르지만, 정단인程段儿 불탑(436년) 등 둔황과 그 주변 지역에서 출토된 북량北涼 불탑들은 이러한 추정에 힘을 보태 준다. 북량 불탑에 표현된 삼세불에 대해서는 다음을 참조하였다. 賀世哲,「關於十六國北朝時期的三世佛與三佛造像諸問題(一)」,『敦煌研究』1992-4, pp. 1~20; 賀世哲,「關於十六國北朝時期的三世佛與三佛造像諸問題(二)」,『敦煌研究』1993-1, pp. 1~10; 배재호,『중국 불상의 세계』(파주: 景仁文化社, 2018), p. 46.

40 『고승법현전』에도 과거 3불과 석가모니불에 대한 기록이 확인된다.『高僧法顯傳一卷』, T. 51, No. 2085. p. 860상: "…佛在世時有剪髮爪作塔及過去三佛幷釋迦文佛坐處經行處…".

석조사면불상, 북위, 산동성 까오뤼진(高柳鎮) 출토, 중국 칭저우시(青州市)박물관

정단인程段儿 불탑, 북량 436년, 높이 42.8cm, 중국 지우첸(酒泉)박물관
불탑 윗 부분의 8개 감실龕室 속에는 가부좌한 과거칠불過去七佛과 교각交脚 자세의 미륵보살이 새겨져 있는데, 과거불 7존과 미래불 1존을 형식적으로 구분한 것을 볼 수 있다.

에서 출토된 북위의 석조사면불상은 형식과 도상 면에서 화전리 석조사면불상과 매우 닮아서 주목된다.[41] 북위의 석조사면불상이 같은 시기의 중심탑주中心塔柱식 석굴의 중앙에 세워진 탑주塔柱 네 면의 불상에서 유래된 것을 감안

---

41 칭저우시(青州市)박물관 소장의 석조사면불상에 대해서는 다음을 참조하였다. 朴亨國, 「禮山花田里四面石佛に關する一試論」, 『韓國の浮彫形態の佛敎集合尊像(四佛 五大明王 四天王 八部衆)に關する綜合報告』文部科學省科學研究費補助金研究成果報告書, 2008, p. 313; 양은경, 『중국 산동성 불상』(서울: 주류성, 2010), p. 308; 배재호,『중국 불상의 세계』(파주: 景仁文化社, 2018), p. 82.

할 때[42], 화전리 석조사면불상도 이러한 방식으로 봉안되었을 가능성이 높다. 사람들은 금당金堂 중앙에 배치된 불상을 오른쪽으로 돌면서 예불(우요삼잡右繞三帀)했던 것으로 생각된다.

충청남도 서산시 운산면雲山面 용현리의 가야산伽倻山에 조성된 용현리 마애불삼존상은 주존인 불입상을 중심으로 보살반가사유상과[43] 보살입상이 좌우에서 협시하는 구성이다.[44] 이들은 대부분의 마애불상과 같이 머리 쪽을 돋을새김하고, 다리 쪽을 얕은새김하였다. 불상은 통견 방식으로 법의를 입고 있으며, 오른손은 어깨까지 들어 올려 시무외인을, 왼손은 약지와 소지를 구부린 채 내려서 여원인을 결하였다. 불상은 고식古式 불상과 같이 몸에 비해

---

42 중심탑주식 석굴(혹은 탑묘굴塔廟窟)은 인도의 차이티야 그리하Caitya-grha식 석굴에서 유래되었다. 인도의 차이티야 그리하식 석굴에는 안쪽에 불탑佛塔이 세워져 있는데, 이 탑은 중앙아시아와 중국에서 석굴 천장을 기능적으로 받치는 역할을 하는 기둥 형식으로 바뀐다. 중국에서는 석굴 중심에 탑 기둥(탑주)이 세워져 있다고 하여 중심탑주식 석굴이라고 명명하였으며, 중앙아시아의 키질Kizil석굴 38굴, 중국의 둔황 막고굴 259굴과 254굴, 천제산天梯山 석굴 1굴과 4굴 등이 대표적인 예이다.

43 백제의 보살반가사유상에 대해서는 다음을 참조하였다. 大西修也, 「百濟半跏像の系譜について」, 『佛教藝術』 158(1985), pp. 53~69.

44 용현리 마애불삼존상에 대해서는 다음을 참조하였다. 黃壽永, 「瑞山磨崖三尊佛像」, 『震檀學報』 20(진단학회, 1959), pp. 189~192(『韓國佛像의 硏究』(서울: 三和出版社, 1973), pp. 109~116; 『韓國의 佛像』(서울: 文藝出版社, 1989), pp. 210~214.); Best, Jonathan W., "The Sŏsan Triad: An Early Korean Buddhist Relief Sculpture from Paekche," *Archives of Asian Art*, vol.33(1980), pp. 89~108; 金理那, 「三國時代의 捧持寶珠形菩薩立像 硏究-百濟와 日本의 像을 중심으로-」, 『美術資料』 37(국립중앙박물관 미술부, 1985), pp. 1~41(『韓國古代佛教彫刻史硏究』(서울: 一潮閣, 1989), pp. 85~143.); 文明大, 「泰安 百濟磨崖三尊佛像의 新硏究」, 『佛教美術硏究』 2(불교미술사학회, 1995), pp. 1~26; 문명대, 「百濟 瑞山 磨崖三尊佛像의 圖像 解析」, 『美術史學硏究』 221·222(한국미술사학회, 1999), pp. 5~32; 김춘실, 「백제 서산마애삼존불상」, 『百濟文化』 34(공주대학교 백제문화연구소, 2005), pp. 39~50; 박성상, 「서산 마애삼존불상 연구」, 『문화사학』 24(한국문화사학회, 2005), pp. 45~57.

용현리 마애불삼존상, 백제 7세기 초, 불상 높이 약 280cm, 보살상 높이 약 170cm

용현리 마애불삼존상 전경

우협시 보살입상

주존 불상

좌협시 반가사유상

머리와 손, 발이 크며, 5등신等身의 신체 비례를 갖추고 있다. 맑고 온화한 얼굴 표정, 큼직큼직한 이목구비耳目口鼻, 부리부리한 눈, 또렷한 인중, 살짝 힘이 들어간 입술, 손마디와 손금이 새겨진 손, 몸의 굴곡을 따라 자연스럽게 처리된 법의 주름, 매듭 부분만 표현된 옷고름 등은 이전에는 볼 수 없던 새로운 특징이다. 가슴 중앙에는 내의가 비스듬히 표현되어 있으며, 양쪽 어깨를 덮고 있는 법의는 몸의 앞면에서 U자 모양의 주름을 이루며 자연스럽게 늘어져 있다.

불상의 옷고름

불상의 법의 형식은 옷고름의 유무有無로도 나눌 수 있다. 인도 불상을 모방한 중국의 초기 불상은 인도 불상과 같이 옷고름(신紳)이 없다. 북방 소수민족이 세운 북조北朝(북위, 동위, 서위, 북제, 북주)의 불상에서는 초기엔 인도식 착의법을 그대로 답습하여 옷고름이 없는 예가 많았다. 그러나 5세기 후반의 한화漢化 정책으로 남조 불상의 영향을 받으면서 옷고름이 나타나기 시작한다. 남조 불상에서 옷고름이 먼저 나타난 것은 한족漢族들이 착용한 한복漢服의 옷고름이 법의法衣에 영향을 주었기 때문이다. 삼국시대 불상 중에는 북조의 영향을 받은 연가칠년명 금동불입상에서는 옷고름이 없으나 한화된 중국 불상의 영향을 받은 서산 용현리 마애불삼존상의 불상에서는 옷고름이 표현되었다.

용현리 마애불삼존상은 보살반가사유상과 보살입상을 협시로 둔 비대칭적인 구도이다. 불입상은 석가모니불로, 보살반가사유상은 미륵보살로 추정되며, 보살입상은 관음보살이나 제화갈라提和竭羅(Dīpaṃkara)보살로 본다. 배

용현리 마애불삼존상 우협시보살상 지인持印

남조 양梁에 원류를 둔 이 지인은 백제에서 6세기 후반에 나타나기 시작하여 7세기 초까지 유행하였다. 다만 마애불삼존상의 부드럽고 둥근 조형이 북조 불상과도 관련된다는 점에서 볼 때, 양에서 직접적으로 영향을 받았다기보다 양의 영향이 미쳤던 산동성이나 북방 지역을 경유하여 600년경에 전해졌을 가능성도 없지 않다. 마애불삼존상이 조성되던 백제 7세기 초에는 양의 수도였던 건강(난징)보다 수隋의 수도인 장안長安(시안)과 당시 교통로였던 산동성과의 교류가 빈번했기 때문이다.

석조석가모니불군상, 양 523년, 높이 35.8cm, 쓰촨성 청두 만불사지 출토, 중국 쓰촨(四川)박물원

호류지 헌납보물 제165호 신해명 금동보살입상, 일본 651년, 높이 22.4cm, 일본 도쿄국립박물관

앞에 두 손을 모아 지물持物(합盒, 호壺, 보주寶珠)을 들고 있는 보살입상은 중국의 양나라 523년명 석조불군상石造佛群像의 협시보살상과 일본의 호류지(法隆寺) 헌납보물 제165호인 신해명辛亥銘(651년) 금동보살입상에서도 확인되어 당시 백제, 양나라, 왜에서 유행하던 도상 임을 알 수 있다.[45] 특히 신해명 금동보살입상에는 관음보살의 도상적인 특징인 화불이 보관에 새겨져 있어서 용현리 마애보살입상의 존명을 추측하는 데 좋은 참고가 된다. 한편 마애불삼존상이 조성되던 7세기에 법화 사상과 신앙이 백제에서 유행했다는 점에 주목하여 보살입상을 과거세過去世에 수기授記를 받아 연등불燃燈佛이 된 제화갈라보살로, 불입상을 연등불의 수기를 받은 석가모니불로, 보살반가사유상을 석가모니불의 수기를 받은 미륵보살로 보기도 한다.[46] 그런데 우협시 보살입상이 제화갈라보살이라면 이러한 지인持印을 취한 예가 아직까지 발견된 적이 없고, 신해명 금동보살입상을 근거로 관음보살이라고 단정한다면 이 보살상이 석가모니불, 미륵보살과 함께 조성된 도상학적인 배경에 대한 명료한

---

45 기존에는 지물을 보주로 보아 봉지보주보살상捧持寶珠菩薩像으로 명명하였는데, 이런 형식의 보살상은 중국 양나라와 일본 아스카(飛鳥)시대, 하쿠호(白鳳)시대의 보살상에서도 확인된다. 보살상에 대해서는 다음을 참조하였다. 松原三郎, 「飛鳥白鳳佛と朝鮮三國期の佛像-飛鳥白鳳佛源流考として-)」, 『美術史』68(1968), pp. 143~163; 金理那, 「三國時代의 捧持寶珠形菩薩立像研究-百濟와 日本의 像을 중심으로-」, 『美術資料』37(국립중앙박물관 미술부, 1985), pp. 1~41(『한국고대불교조각사연구』(서울: 一潮閣, 2015), pp. 111~173.); 金理那, 「寶珠捧持菩薩의 系譜」, 『法隆寺から藥師寺へ-飛鳥 奈良の建築と彫刻-』日本美術全集2(東京: 講談社, 1990), pp. 195~200; 최미순, 「寶珠와 觀音菩薩의 相關性에 관한 研究-執寶珠菩薩像을 중심으로-」, 『美術史學研究』256(한국미술사학회, 2007), pp. 113~158; 이장웅, 「백제 捧寶珠 菩薩像의 연원과 제사 의례」, 『韓國古代史探究』36(한국고대사탐구회, 2020), pp. 277~319; 費泳, 『六朝佛教造像對朝鮮半島及日本的影響』(北京: 中華書局, 2021), pp. 317~463.

46 文明大, 「泰安 百濟磨崖三尊佛像의 新研究」, 『佛教美術研究』2(불교미술사학회, 1995), pp. 1~17. 사실 우리나라에서는 조선시대 17세기 이후에 석가모니불과 제화갈라보살·미륵보살로 구성된 불삼존상이 본격적으로 유행한다.

설명이 필요하다. 다만 지금까지 고증된 자료를 근거로 본다면, 석가모니불상과 7세기에 백제에서 가장 유행하던 미륵보살반가사유상과 관음보살입상일 가능성이 높다.[47]

　　동문리 마애보살삼존상은 용현리 마애불삼존상과 비슷한 시기인 7세기 초에 조성된 것으로서[48], 산 정상 가까운 바위 면에 보살상 1존과 불상 2존을 돋을새김한 것이다. 불상을 중심으로 보살상이 협시하는 일반적인 불삼존상과 달리, 커다란 불상을 양옆에 두고 작은 보살상을 중간에 배치하였다. 보살상의 신체 비례, 보관 형식, 지인持印은 용현리 마애불삼존상의 우협시 보살입상과 많이 닮았다. 보관은 가운데가 높이 솟아 있으며, 관증冠繒(보관 띠)은 양

47　불상을 정토 왕생의 아미타여래로, 보살입상을 관음보살로, 보살반가사유상을 미륵상생신앙彌勒上生信仰과 관련된 미륵보살로 보기도 한다(김리나, 『한국의 불교조각』(서울: 사회평론아카데미, 2020), p. 77.).

48　동문리 마애보살삼존상에 대해서는 다음을 참조하였다. 黃壽永, 「忠南 泰安의 磨崖三尊佛像」, 『歷史學報』 17·18(역사학회, 1962), pp. 51~63(『韓國佛像의 研究』(서울: 三和出版社, 1973), pp. 83~101; 『韓國의 佛像』(서울: 文藝出版社, 1989), pp. 215~226; 「泰安 磨崖三尊佛像」, 『黃壽永全集1 한국의 불상(상)』(서울: 혜안, 1998), pp. 46~58.); 黃壽永, 「忠南 泰安의 磨崖三尊佛像(補)」, 『考古美術』 下卷(1-100合輯, 한국미술사학회, 1979) 98(9권 9호, 1968), pp. 441~444; 黃壽永, 『黃壽永全集1 한국의 불상(상)』(서울: 혜안, 1998), pp. 59~64; 文明大, 「泰安 百濟磨崖三尊佛像의 新研究」, 『佛教美術研究』 2(불교미술사학회, 1995), pp. 1~17; 姜友邦, 「泰安 白華山 磨崖觀音三尊佛攷-百濟 觀音道場의 成立」, 『百濟의 中央과 地方』百濟研究叢書5(충남대학교 백제연구소, 1997), pp. 169~185; 김주성, 「죽막동유적의 쇠퇴와 태안마애불」, 『韓國上古史學報』 40(한국상고사학회, 2003), pp. 57~75; 김춘실, 「중국 山東省 불상과 삼국시대 佛像」, 『美術史論壇』 19(한국미술연구소, 2004), pp.7~47; 성윤길, 「태안 동문리 마애삼존불입상에 대하여」, 『韓國古代史探究』 21(한국고대사탐구학회, 2015), pp. 293~333; 소현숙, 「泰安마애삼존상의 도상과 성격-立한 二佛의 존명 추정과 '정치적 서상'으로서 가능성 탐색」, 『百濟文化』 54(공주대학교 백제문화연구소, 2016), pp. 45~69. 한편 두 불상의 존명은 석가모니불과 약사불(황수영 설), 아미타불과 약사불(강우방 설), 석가모니불과 다보여래(문명대 설) 등 여러 가지 설이 있다.

동문리 마애보살삼존상, 백제 7세기 초, 좌측 불상 높이 약 250cm, 우측 불상 높이 약 240cm, 보살상 높이 180cm
1995년, 발굴을 통하여 흙 속에 묻혀 있던 불상의 무릎 아래와 보살상의 하반신이 드러났다.

우측 불입상   보살입상   좌측 불입상

쪽 귀밑으로 드리워져 있다.[49] 양쪽 어깨에서 내려온 천의는 무릎 위에서 교차하였다. 이들 불상과 보살상도 머리 쪽은 돋을새김하고, 다리 쪽은 얕은새김하였다. 불상들은 7등신에 가까운 신체 비례, 둥글고 원만한 얼굴, 넓고 부드러운 어깨를 갖추고 있다. 보살상 좌측의 불입상은 통견 방식으로 법의를 입었으며, 가슴 앞에는 옷고름이 표현되어 있다. 오른손은 약지와 소지를 구부린 채 살짝 들어 올려 설법인을 결하고 있으며, 왼손 손바닥에는 뚜껑이 달린 약합藥盒이 표현되어 있다. 약합은 불상이 약사불 임을 알려 준다.[50] 우측의 불입상도 신체 비례와 착의법은 약사불입상과 닮았으나 양 손 모두 약지와 소지를 구부린 채 시무외인과 여원인을 결하여 손 자세에서 차이를 보인다. 이 수인은 석가모니불의 기본적인 손 자세이지만, 같은 수인을 한 신묘명 금

---

49   관증이 달린 유사한 모습의 보관은 백제 유민인 도리(止利) 불사佛師가 만든 호류지(法隆寺) 금당의 금동석가모니불삼존상의 협시보살상에서도 확인된다.

50   許亨旭,『韓國 古代의 藥師如來 信仰과 圖像 硏究』, 홍익대학교대학원 미술사학과 박사학위논문, 2017, pp. 65~66, 99~102.

동불삼존상(571년, 61쪽)의 주존 불상이 무량수불인 것으로 보아 이 불상도 무량수불로 추정된다. 법의 주름은 화전리 석조사면불상(97쪽)과 같이 U자 모양을 이루며 연속적으로 흘러내리고 있다.

동문리 마애보살삼존상의 가장 큰 특징은 보살상을 중심으로 불상들이 협시한다는 점이다. 그러나 깎인 바위 면을 자세히 보면, 양쪽 불상의 대좌가 보살상의 대좌를 가리고 있는 것은 물론, 보살상보다 불상들이 훨씬 돋을새김된 것을 확인할 수 있다. 이는 원래 계획한 두 불상이 완성될 즈음에 보살상이 추가되었을 가능성을 추측하게 한다.[51] 그럼에도 불구하고 이 보살상을 주존으로 보는 견해도 있는데, 마애보살삼존상이 위치한 산의 이름이 관음보살의 주처인 보타락가Potalaka산, 즉 백화산白華山이라는 점에 근거한다.[52] 그러나 우리나라에서 보타락가산이 백화산으로 한역된 것은 훨씬 늦은 시기이다. 고려 후기, 일연—然(1206~1289)의『삼국유사』(1289년경)[53]와 체원體元의『백화도량발원문약해白花道場發願文略解』(1328)[54] 등에 보이는 의상義湘(義相, 625~702) 관련 기록을 모두 신뢰한다고 하더라도 백화산의 이름이 우리나라에서 처음 한역된 것은 마애보살삼존상이 조성된 백제 7세기 초가 아니라 의상이 활동하

---

51 두 불상의 공간이 접하는 부분을 다시 깎아 보살상의 공간으로 만든 것을 확인할 수 있다. 원래부터 보살상 중심의 삼존상을 만들었다면, 적절한 공간 분할을 통하여 겹치는 부분이 없었을 것이다.

52 姜友邦,「泰安 白華山 磨崖觀音三尊佛攷-百濟 觀音道場의 成立」,『百濟의 中央과 地方』百濟研究叢書5(충남대학교 백제연구소, 1997), pp. 169~185.

53 『三國遺事』권제3, 塔像 제4, [洛山二大聖觀音正趣調信]: "昔義湘法師始自唐來還聞大悲眞身住此海邊崛內故因名洛山盖西域寶陁洛伽山此云小白華乃白衣大師眞身住處故借此名之".

54 『白花道場發願文略解』,『韓國佛教全書』제6책(동국대학교 출판부, 1979), p. 571상: "華嚴貞本經第十六券云觀自在菩薩在補怛洛迦淸涼疏釋云補怛洛迦者此云小白花樹山多此樹香氣遠聞聞見必欣故以爲名…".

석조쌍보살입상, 남조 양 6세기, 높이 120.6cm,
너비 61.6~64.3cm, 중국 쓰촨박물원

던 통일신라시대 7세기 후반이 된
다.[55] 결국 산의 이름이 백화산이기
때문에 관음보살상을 조성한 것이
아니라 관음보살상이 완성된 후 어
느 시기부터 백화산으로 명명되었
을 가능성이 높다. 백화산으로 불
려진 시기는 구체적으로 알 수 없지
만, 보살상과 백화산과의 관계를 고
려할 때 백제 때부터 관음보살로 인
식되었던 것은 분명하다. 결국 동
문리 마애보살삼존상은 원래 동방
東方 유리광정토瑠璃光淨土의 약사불
과 서방 극락정토極樂淨土의 무량수
불 만 조성할 계획이었으나 완성될
즈음에 당시 유행하던 관음보살을 추가한 것으로 추정된다.[56] 즉 북제와 수나

---

55 60권본『대방광불화엄경』에서는 "光明山"(『大方廣佛華嚴經』권제51, 入法界品 第
三十四之八, T. 9, No. 278, p. 718상.)으로, 80권본『대방광불화엄경』에서는 "補怛洛迦
山"(『大方廣佛華嚴經』권제68, 入法界品 第三十九之九, T. 10, No. 279, p. 366하.)으로
각각 한역되었는데, 백화산의 명칭은 아직 이들 경전에서는 보이지 않는다. 그러나 이
통현李通玄(635~730)의『신화엄경론新華嚴經論』(T. 36, No. 1739, p. 863중.)과 징관澄
觀(738~839)의『대방광불화엄경소大方廣佛華嚴經疏』(T. 35, No. 1735, pp. 939하~940
상.)에 "小白華樹山"이라고 기록되어 있어서 중국에서는 8세기에 들어와 백화산의 이름
이 처음 사용된 것을 알 수 있다. 이와 관련해서는 다음을 참조하였다. 全海住,「一然의
華嚴思想-그 生涯와 三國遺事를 중심으로」,『亞細亞에 있어서 華嚴의 位相』第10回 國
際佛教學術會議(大韓傳統佛教研究院, 1991), pp. 356~357.

56 조선시대 후기의 횡삼세불상橫三世佛像의 배치 구도, 즉 중앙의 석가모니불상, 그 왼쪽
의 동방유리광정토의 약사불상, 오른쪽의 서방극락정토의 아미타불상(무량수불상)을

라 때에 중국 허베이성(河北省)과 산동성에서 조성된 불병립상佛竝立像[57]의 영향과 당시 백제에서 유행한 정토신앙의 분위기 속에서 두 불상이 먼저 만들어진 후, 7세기 초에 유행한 관음보살신앙에 의해 관음보살상이 첨가된 것이다.

한편 7세기에는 무왕武王이 왕경을 옮기고자 했던 금마저金馬渚(전라북도 익산益山)에서도 불상 조성이 활발하게 이루어졌던 것으로 추정된다.[58] 이곳에 창건된 미륵사彌勒寺, 왕궁리王宮里 사원, 제석사帝釋寺에는 왕실에서 발원한 수준 높은 불상들이 봉안되어 있었을 것이다. 현재 이들 불

소조천부상塑造天部像 머리, 백제 7세기 전반, 높이 13.2cm, 제석사지 폐기장 출토, 국립익산박물관(사진:구선아)
제석사지에서 북쪽으로 약 300미터 되는 곳에서 346점의 소조상 편이 출토되었다. 소조상 편들은 639년(정관貞觀 13)에 제석사가 소실되었다는 『관세음응험기觀世音應驗記』(교토 쇼렌인青蓮院)의 기록에 근거하여 화재로 인해 폐기된 것으로 본다. 이 상은 정확한 존명을 알 수 없지만, 천부상으로 추정된다.

봉안하는 것과 같이 마애보살삼존상에서도 약사불상이 보살상의 왼쪽에, 무량수불상이 그 오른쪽에 배치된 것을 볼 수 있다.

57 북제 때 조성된 쌍불상雙佛像과 쌍보살상은 국립중앙박물관 소장의 562년(太寧 2)명 석조보살반가사유상 등 주로 허베이성(河北省)을 중심으로 유행하였다. 배진달(배재호), 『중국의 불상』(서울: 一志社, 2005), pp. 176~178; 배재호, 『중국 불상의 세계』(파주: 景仁文化社, 2018), pp. 95~97.

58 조선시대 자료이긴 하지만, 무왕이 익산으로 천도遷都하려고 했거나 익산을 별도別都로 운영했다는 기록이 있다. 『大東地志』 권11, 全羅道十八邑 益山(漢陽大學校附設國學研究院, 『大東地志』(서울: 亞細亞문화사, 1976), p. 248.).

연동리 석조불좌상, 백제 7세기 초, 불상 높이 156cm(머리 제외), 광배 높이 326cm, 대좌 높이 40cm,
대좌 너비(앞면 225cm, 옆면 98cm), 전라북도 익산시 연동리 연화사(사진:원광대학교박물관)

상은 남아 있지 않으나 익산 연동리蓮洞里 석조불좌상은 조형적인 수준과 압도적인 크기에서 당시의 분위기를 잘 보여 준다.[59] 불상은 머리가 후보되었으며, 몸, 광배, 대좌를 따로 만들어 조합한 것으로서, 이러한 예는 고구려와 백제는 물론 중국의 북조 불상에서도 거의 찾아볼 수가 없는 독특한 특징이다.[60] 불상은 통견 방식으로 법의를 입고 방형 대좌 위에서 가부좌하고 있으며, 부드러운 조형미와 당당한 모습을 갖추고 있다. 왼손은 엄지와 중지를 맞댄 채 가슴 앞까지 들어 올리고 오른손은 중지와 약지를 맞댄 채 무릎 위에 내려서 설법인을 결하고 있다. 사실 엄지와 중지를 맞대고 있는 수인은 삼국시대 불상 중 어디에서도 찾아볼 수가 없는 독특한 예이다. 복부에는 옷고름이 표현되어 있으며, 법의 자락은 무릎을 덮고 흘러내려 대좌 정면에 새겨진 법의와 자연스럽게 연결되고 있다. 이러한 상현좌 형식은 그 원류가 중국 남조 불상에 있으나 이후 남북조 불상에서 모두 확인된다.[61]

광배는 두광과[62] 신광을 돌기선으로 구획하였다. 신광 안에는 돋을새김한 보주寶珠가, 그 바깥에는 같은 기법으로 새긴 7존의 불좌상(화불)과 음각된 화염문이 표현되어 있다. 연화좌를 갖춘 보주 형식은 북제 미술에 많이 보이

---

59 연동리 석조불좌상에 대해서는 다음을 참고하였다. 大西修也, 「百濟の石佛坐像—益山郡蓮洞里石造如來像をめぐって—」, 『佛教藝術』107(1976), pp. 23~41; 趙容重, 「益山 蓮洞里 石造如來坐像 光背의 圖像研究-文樣을 통하여 본 백제불상광배의 特性」, 『美術資料』49(국립중앙박물관 미술부, 1992), pp. 1~39.

60 불신과 대좌를 함께 깎아 만든 군수리 사지 출토의 석조불좌상이 원래는 광배와 별도의 좌대를 갖추고 있었을 것으로 추정되어 연동리 석조불좌상의 이러한 조합 방식이 백제 6세기부터 이미 있었을 가능성도 배제할 수가 없다.

61 상현좌에 대해서는 다음을 참고하였다. 岩井共二, 「中國南北朝時代における裳懸座の展開」, 『佛教藝術』212(1994), pp. 37~60.

62 두광에 표현된 12엽葉의 단판單瓣 연잎은 7세기 백제의 금동불상 광배에서도 확인되고 있어서 연동리 석조불좌상의 조성 시기를 추정하는데 좋은 참고가 된다.

는 모티프로서[63], 석조불좌상에 미친 북제 불상의 영향을 연상하게 한다. 광배에 표현된 7존의 화불은 일반적으로 과거칠불을 상징하기 때문에 주존 불상은 인간 세상에 일곱 번째로 왔다 간 석가모니불이나 여덟 번째로 올 미륵불로 추정된다. 연동리 석조불좌상의 경우, 존명을 특정할 수는 없으나 불상이 익산 미륵사지와 가까운 곳에서 출토되었다는 점에서 석가모니불보다는 미륵불일 가능성이 높다. 광배에 표현된 과거칠불의 배치 형식은 7세기 후반에 조성된 호류지 헌납보물 제143호 금동불삼존상(213쪽)에서도 확인되어 주목된다.[64]

---

63 북제 미술의 영향은 익산 왕궁리王宮里 유적에서 출토된 청자첩화연판문靑磁貼花蓮瓣文 편(9.9cm, 국립부여문화재연구소)에서도 확인된다. 이 편의 문양은 허난성(河南省) 상차이(上蔡)에서 출토된 북제의 청자첩화연판문병靑瓷貼花蓮瓣文甁(49.5cm, 중국역사박물관)의 그것과 매우 닮았다.

64 익산시·원광대학교 산학협력단, 『익산 연동리 석조여래좌상 복원고증 학술연구』, 2018, p. 82의 도40, 도41-1. 광배의 화불 표현 방식과 유사한 예는 일본 아스카시대인 623년에 조성된 호류지(法隆寺) 금당의 금동석가모니불삼존상과 7세기 후반의 호린지(法輪寺) 금동불삼존상에서도 확인된다.

미륵사지彌勒寺址 불상

『삼국유사』(권제2, 기이紀異 제2, [무왕武王])에는 미륵사의 창건 설화가 기록되어 있다. 무왕武王(서동薯童, 600~641 재위)과 선화善花공주(신라 진평왕의 셋째 딸)가 어느 날 용화산龍華山 사자사師子寺(獅子寺)에 예불하러 가던 길에 산 아래의 큰 연못에 이르렀는데, 이 때 연못에서 미륵彌勒 3존이 나타났다. 이러한 인연으로 왕비(선화공주)가 사원을 세우길 원하자 무왕이 허락하여 사자사의 지명知命 법사를 찾아가 연못 메울 일을 논의하였다. 법사는 신통력으로 산을 무너뜨려 하룻밤 사이에 연못을 메웠다. 미륵삼존상을 조성하고 불전佛殿, 탑塔, 낭무廊廡를 각각 3개로 만들어 미륵사(혹은 왕흥사王興寺)라고 하였다(…一日王與夫人欲幸師子寺至龍華山下大池邊彌勒三尊出現池中留駕致敬夫人謂王曰須創大伽藍於此地固所願也王許之詣知命所問塡池事以神力一夜頹山塡池爲平地乃法像彌勒三會殿塔廊廡各三所創之額日彌勒寺…). 미륵사의 가람伽藍 배치는『삼국유사』의 기록과 같이 각각 탑과 불전이 있는 세 곳의 원院(담장으로 둘러 싸인 공간)으로 구성되어 있다. 불전에는 사원의 이름과 같이 미륵상이 봉안되어 있었던 것으로 추정된다.[65]

한편 미륵사 서석탑의 1층 몸돌 사리공舍利孔에서 발견된 금제사리봉안기金製舍利奉安記에는 선화공주의 이름이 없고 무왕의 비인 사택적덕沙宅積德의 딸이 639년에 미륵사 조성에 관여한 사실이 기록되어 있다. 이에 따라『삼국유사』의 기록은 와전된 이야기를 후대에 각색한 것으로 본다. 즉 미륵사 조성을 돕기 위해 신라의 진평왕眞平王(579~632 재위)이 백공百工을 파견했다는 기록과 연계하여 진평왕의 딸 중에서 미륵을 신봉한 화랑의 우두머리인 선화仙花와 동음同音의 이름을 가진 선화공주를 무왕

---

65 미륵사 불상에 대해서는 다음을 참조하였다. 崔聖銀, 「동아시아 불교조각을 통해 본 백제미륵사(百濟彌勒寺)의 불상(佛像)」, 『百濟文化』 43(공주대학교 백제문화연구소, 2010), pp. 123~158.

사자사에서 바라 본 미륵사지

과 엮어서 꾸민 이야기이다. 진평왕 때에는 623년에 미륵상을 왜倭에 보낼 정도로 미륵신앙이 유행하였다.

　용화산과 그 아래의 미륵사는 석가모니불이 열반하고 56억 7천만년 후에 도솔천兜率天에서 미륵보살이 인간 세상으로 내려와 미륵불이 되어 용화수龍華樹 아래에서 세 번에 걸쳐 설법한 장소를 상징한다. 또한 용화산 꼭대기의 사자사는 도솔천 내원內院에서 하생下生을 기다리고 있는 미륵보살이 앉아 있던 사자좌獅子座를 뜻한다. 결국 미륵사는 『미륵상생경彌勒上生經』과 『미륵하생경彌勒下生經』의 공간적인 표현이라고 볼 수 있다. "용화산"이라는 이름이 미륵사 창건 당시에도 있었는지, 아니면 미륵사에 의하여 그 이름으로 명명되었는지 알 수 없지만, 용화산 미륵사가 미륵불의 용화삼회 설법과 관련되는 것은 분명하다. 따라서 각각의 원에 봉안된 불상은 같은 모습이었을 것으로 추정된다.

추정 백제 불교 존상

보원사지 출토 금동불입상

금동불입상, 삼국시대 6세기 후반, 높이 9.4cm, 국립부여박물관

충청남도 서산의 보원사지普願寺址에서 출토되었다고 하며, 1970년에 국립중앙박물관에서 입수하였다. 고구려의
연가칠년명 금동불입상(46쪽)과 같이 높고 큰 육계와 장방형의 얼굴을 가지고 있다. 오른쪽으로 살짝 치우친 채 U자
모양을 이루며 흘러내린 법의 주름, 가슴을 가로질러 왼팔 위로 걸쳐진 법의, 몸 양쪽으로 살짝 뻗친 법의 자락을 갖
추고 있다. 발굴 결과, 보원사지에서는 지금까지 고려와 조선시대 유구遺構와 유물만 확인되었다. 금동불입상이 어
떤 연유로 이곳에서 출토되었는지는 구체적으로 알 수가 없다.

금동보살반가사유상

금동보살반가사유상, 백제 6세기 후반, 높이 20.9cm, 국립중앙박물관
1911년, 조선총독부박물관에서 구입하였다.

5

—

신라 불상

신라는 남조 양梁과의 외교 관계 속에서 527년경에 불교를 공인하였으며, 이에 따라 신라 불상은 6세기 후반까지 남조 불상의 영향을 받는다. 7세기에는 신라의 구법승求法僧들이 수隋와 당唐의 수도인 장안長安(시안)에 유학함으로써 장안 불상의 영향을 받게 된다. 신라는 고구려와 백제보다 불교 공인이 늦었으나 줄곧 왕경 금성金城(경주)을 중심으로 불상 조성이 이루어졌고, 삼국 통일 과정에서도 고구려의 평양, 백제의 사비와 달리 불상의 피해가 없어서 어느 정도 그 맥락을 파악할 수가 있다. 통일신라시대까지 이어진 신라 불교는 유가종瑜伽宗, 화엄종華嚴宗, 선종禪宗이 종縱으로 진행되고, 정토신앙과 밀교密敎가 횡으로 맞물려 있는 구조였다.[01] 불상은 석가모니불상, 미륵불상, 아미타불상과 약사불상, 비로자나불상의 순서로 나타났는데, 석가모니불상과 미륵불상은 삼국시대에, 아마타불상, 약사불상, 비로자나불상은 통일신라시대에 대세를 이루었다.

01　金在庚,「新羅 佛敎史의 大勢와 土着信仰」,『韓國古代史硏究』20(한국고대사학회, 2000), p. 622.

1. 불교 공인과 황룡사 장육존상

　　『현우경賢愚經』의 순교殉敎 설화를 각색한 듯한 이차돈異次頓의 희생을 계기로 신라의 법흥왕法興王은 527년(혹은 528년과 529년)에 불교를 공인하였다.[02] 눌지마립간訥祇麻立干(417~458 재위) 때의 묵호자墨胡子와 소지炤知마립간(479~500 재위) 때의 아도阿道 화상和尙이 고구려에서 일선군一善郡(경상북도 구미시)으로 내려와 모례毛禮의 집에 머물면서 사사로이 불교를 전한 지 수 십년 후의 일이다.[03] 고구려와 백제의 불교가 외교 관계 속에서 전진과 동진으로부터 전래된 것과 달리, 신라에서의 불교 공인은 이 만큼 힘든 과정을 겪었다.[04]

02　경주 소금강산小金剛山의 백률사栢栗寺에 있던 백률사석당기栢栗寺石幢記(817년(헌덕왕 9) 혹은 818년)에는 법흥왕의 당질堂姪인 이차돈이 목이 잘렸을 때 흰 피가 솟구쳤다는 명문이 있다. 사실 이 내용은 『현우경』과 『부법장인연전付法藏因緣傳』 등에 보이는 순교 설화의 한 유형이다. 이차돈의 순교 시기에 대해서는 527년(법흥왕 14)설(『三國遺事』 권제3, 興法 제3, [原宗興法厭髑滅身]; 최치원崔致遠(857~?)의 [鳳巖寺智證大師寂照塔碑]; 김부식金富軾(1075~1151)의 [靈通寺大覺國師碑].), 528년(법흥왕 15)설(『三國史記』 권제4, 新羅本紀 제4, 法興王 15년.), 529년(법흥왕 16)설(『海東高僧傳』 권제1, 流通一之一, T. 50, No. 2065, pp. 1018하~1019상.)이 있다.

03　묵호자가 인도나 중앙아시아 출신이라면, 그의 불교 성향도 이들 지역과 관련된다. 묵호자는 모례의 집에 머물면서 왕녀王女의 병을 고쳐 주었는데(『三國遺事』 권제3, 興法 제3, [阿道基羅].), 이를 기존에 무巫가 하던 치병治病 행위를 승려가 대신하는 과도기적인 모습으로 해석하기도 한다. 한편 400년에 광개토대왕廣開土大王이 5만의 군사를 신라로 보내어 왜倭를 격퇴한 후 내정 간섭 과정에서 불교가 전래된 것으로 보기도 한다.

04　신라의 불교 공인을 신라의 고유성을 버리고 중국화를 위한 하나의 시도라고 해석하기도 한다. 이러한 분위기는 거서간居西干(존장자尊長者), 차차웅次次雄(무巫), 니사금尼

백률사석당栢栗寺石幢(일명 이차돈순교비),
통일신라 817년(혹은 818년), 높이 106cm,
각 면 너비 29cm, 국립경주박물관

신라의 불교 공인에 이차돈이 기여한 것은 사실이지만, 521년에 양나라 사신과 함께 신라에 온 원표元表의 역할도 한몫하였던 것으로 추정된다. 숭불崇佛 황제였던 양 무제(502~549 재위)의 뜻이 원표를 통하여 전달되었던 듯 양과의 외교 관계를 고려한 신라 왕실은 불교 공인을 공론화하고, 급기야 국가적인 차원에서 수용하기에 이른다. 따라서 6세기 중엽에 조성된 신라의 불상도 양나라 불상의 영향을 받았을 것으로 추정된다. 이는 2008년, 장쑤성(江蘇省) 난징시(南京市) 신제커우(新街口)에서 출토된 금동보살삼존상과 조형적·형식적으로 매우 닮은 금동보살삼존상이 강원도 양양襄陽의 진전사지陳田寺址에서 출토된 것에서도 확인할 수 있다.[05] 6세기 전반에 조성된 것으로 추정되는 진전사지 출토의 금동보살삼존상이 우리나라 것인지, 아니면 양나라 것인지에 대해서는 좀 더 연구가 필요하다. 그러나 매우 닮은 보살

師今(계군繼君), 마립간麻立干(높은 마루 위의 우두머리), 왕王으로 왕명이 바뀌는 것에서도 추측할 수 있다. "王"의 칭호는 "新羅"의 국명과 함께 지증마립간智證麻立干 때인 503년(지증왕 4)에 처음 사용된다.

05 금동보살삼존상은 2017년 10월 16일에 출토되었다. 진전사는 도의국사道義國師에 의해 9세기 초에 창건되었기 때문에 상이 언제 어떤 경로로 이곳에 왔는지는 구체적으로 알 수가 없다(배재호, 『중국 불상의 세계』(파주: 景仁文化社, 2018), p. 68.).

금동보살삼존상, 6세기(삼국시대 혹은 남조 양), 진전사지 출토, 높이 8.7cm, 국립춘천박물관

금동보살삼존상, 양 527년, 높이 18.8cm,
난징 신제커우(新街口) 출토, 중국 리우차오(六朝)박물관
광배 뒷면에는 "大通元年八月十三日超成敬造供養"이라
는 명문이 새겨져 있다.

상이 난징과 양양에서 출토된 점은 양과 신라 간의 불상 교류가 활발하였음
을 추측하게 만든다.

　　신라에서 불상을 조성한 기록은 진흥왕眞興王(540~576) 때부터 나타난

다.[06] 법흥왕 때 시작되어 진흥왕의 544년에 완공된 신라 최초의 사원인 흥륜사興輪寺 금당의 미륵불상과[07] 황룡사黃龍寺(皇龍寺)[08] 금전金殿(금당, 553년)에 봉안하기 위해 574년에 조성한 장육존상丈六尊像과 협시상들은 대표적인 예이다.[09]

---

06 진흥왕은 정법正法(불법佛法)으로 신라를 통치하였다. 진흥왕순수비眞興王巡狩碑에는 영토를 순행할 때 승려가 동반한 사실이 기록되어 있으며, 말년에는 법흥왕처럼 출가하여 승려가 되었다. 진흥왕의 국가 통치와 사상적 추이에 대해서는 다음을 참고하였다. 최병헌, 「신라 진흥왕대의 국가발전과 정치사상-진흥왕순수비·황룡사장육존상 조성의 역사적 의의-」, 『新羅文化』 54(동국대학교 신라문화연구소, 2019), pp. 89~119.

07 『三國遺事』 권제3, 塔像 제4, [彌勒仙花未尸郎眞慈師]. 내용은 대략 이렇다. 진지왕眞智王(576~578 재위) 때, 흥륜사의 승려 진자眞慈는 미륵상 앞에서 소원을 빌면서 "우리 대성大聖께서 화랑으로 화신化身하여 이 세상에 나타나신다면, 제가 언제나 거룩하신 모습을 가까이에서 뵙고 받들어 모시겠습니다(…願我大聖化作花郎出現於世我常親近晬容奉以周旋…)."라고 맹세하면서 웅천熊川(충청남도 공주)의 수원사水源寺에 가서 미륵선화彌勒仙花를 친견하고 흥륜사로 돌아왔으며, 이후 국선國仙 미시랑未尸郎의 승려 낭도郎徒가 되어 7년 동안 보좌하였다고 한다.

08 황룡사는 신라가 백제와의 동맹을 깨고 한강 유역을 차지하던 553년(진흥왕 14) 2월에 월성月城 동쪽에 세운 사원이다. 당시 신라 불교의 중심이던 황룡사에서는 『인왕반야경仁王般若經』에 근거하여 인왕백고좌회仁王百高座會가 열렸다. 경전에서는 금륜성왕金輪聖王은 십회향十回向, 은륜성왕銀輪聖王은 십행十行, 동륜성왕銅輪聖王은 십주十住, 철륜성왕鐵輪聖王은 십신十信을 각각 깨달은 왕으로 기록하고 있다. 이러한 관점에서 보면, 인왕백고좌회를 개최한 진흥왕은 스스로 전륜성왕이라고 생각했을 가능성이 높다. 한편 신라가 551년에 백제와 연합하여 한강 상류 지역의 고구려 10군郡을 점령할 때, 신라로 망명하여 국통國統(승통僧統)이 된 고구려 승려 혜량惠亮이 승관제僧官制를 정비하는 과정에서 황룡사가 창건된 것으로 보기도 한다.

09 황룡사 불상에 대해서는 다음을 참조하였다. 金理那, 「皇龍寺의 丈六尊像과 新羅의 阿育王系佛像」, 『震檀學報』 46·47(진단학회, 1979), pp. 195~215(『韓國古代佛敎彫刻史研究』(서울: 一潮閣, 1989), pp. 61~84.); 金理那, 「阿育王 造像 傳說과 敦煌壁畵」, 『蕉雨黃壽永博士古稀紀念美術史學論叢』(서울: 通文館, 1988), pp. 853~866; 文明大, 「新羅 三寶 皇龍寺 金銅釋迦丈六三尊像의 복원과 황룡사지 출토 金銅佛立像의 연구」, 『韓國佛敎의 座標 綠園스님古稀紀念學術論叢』, 1997, pp. 375~393; 김리나, 「新羅佛敎彫刻의 國際的 性格」, 『2007 신라학 국제학술대회논문집: 세계속의 신라 신라속의 세계』 1(신라

흥륜사興輪寺 미륵불상

신라 최초로 창건된 흥륜사는 원래 법흥왕이 발원한 사원으로, 황룡사가 창건되기 전까지 신라의 중심 사원이었다. 법흥왕은 출가(석가모니불의 노비)하여 법명法名을 법공法空이라 하였고, 왕족을 바쳐서 사원의 노비로 삼았다.[10] 이는 보살 황제였던 양 무제의 사신捨身 행위를 답습한 것이다.[11] 흥륜사는 이차돈이 순교하던 527년에 공사가 일시 중단되었다가

문화유산조사단, 2008), pp. 97~109; 蘇鉉淑, 「中國 魏晉南北朝時代 '瑞像' 숭배와 그 地域性」, 『中國史硏究』 55(중국사학회, 2008), pp. 15~49; 한정호, 「皇龍寺 中金堂址 佛像臺石에 대한 고찰」, 『美術史硏究』 24(미술사연구회, 2010), pp. 39~59; 소현숙, 「위진 남북조시대 阿育王像 전승과 숭배」, 『佛敎美術史學』 11(불교미술사학회, 2011), pp. 7~40; 蘇鉉淑, 「政治와 瑞像, 그리고 復古: 南朝 阿育王像의 形式과 性格」, 『美術史學硏究』 271·272(한국미술사학회, 2011), pp. 261~289; 崔聖銀, 「신라 皇龍寺 중금당 장육삼존불상에 대한 연구」, 『新羅史學報』 23(신라사학회, 2011), pp. 235~298; 소현숙, 「新羅 皇龍寺 丈六像의 淵源과 性格 - 6世紀 中國 南北朝時代 "政治的瑞像"과 比較分析을 통한 연구」, 『先史와 古代』 37(한국고대학회, 2012), pp. 5~30; 이용현, 「황룡사를 보는 몇 가지 관점에 대한 논의」, 『皇龍寺』(국립경주박물관, 2018), pp. 332~339. 한편 황룡사에서 장육존상을 조성한 배경을 중고기中古期(514~654) 신라에서 정치적인 입지가 가장 높았던 사원이라는 점에서 찾기도 한다. 南東信, 「新羅 中古期 佛敎治國策과 皇龍寺」, 『新羅文化祭學術發表論文集』 22(동국대학교 신라문화연구소, 2001), pp. 7~31; 최병헌, 「신라 진흥왕대의 국가발전과 정치사상-진흥왕순수비·황룡사장육존상 조성의 역사적 의의-」, 『新羅文化』 54(동국대학교 신라문화연구소, 2019), pp. 89~119. 황룡사 금당 터에 남아 있는 여러 개의 석조대좌는 불삼존상의 대좌와 치석治石 방식이 달라서 후대에 첨가되었을 가능성이 높다.

10 『海東高僧傳』 권제1, 流通一之一, T. 50, No. 2065, p. 1019중: "…按阿道碑法興王出法名法雲字法空…"; 『三國遺事』 권제3, 興法 제3, [原宗興法 厭髑滅身]: "…前王姓金氏出家法雲字法空…".

11 양 무제는 『묘법연화경妙法蓮華經』, 『열반경涅槃經』, 『금광명경金光明經』 등의 경전에서 보이는 사신捨身 행위를 527년부터 동태사同泰寺에서 4차례나 실천하였다. 양 무제

535년(법흥왕 22)에 재개되어 544년(진흥왕 5)에 완공되었다. 따라서 창건기의 사원 이름인 대왕사大王寺[12]에는 법흥왕의 불교적 이념이 들어 있으나 완성될 시점에는 진흥왕의 불교 사상이 반영되었다고 보기도 한다. 즉 전륜성왕轉輪聖王을 돕기 위해 미륵불이 출현하여 사람들을 교화한다는 점을 근거로 스스로 전륜성왕이라고 생각했던 진흥왕의 의지가 강하게 반영되었다는 것이다.

흥륜사 미륵불상은 현존하지 않아 구체적인 모습을 알 수가 없다. 다만 6세기 중엽, 양나라 불상이 신라 불상에 적지 않은 영향을 미친 것으로 보아 조형적으로 양나라 불상과 닮았을 것으로 추정된다. 그런데 신라에서 7세기 중엽부터 미륵상 조성이 활발하였다는 점을 감안하면, 흥륜사의 미륵상은 이보다 100여 년이 앞선 매우 드문 예이라고 볼 수 있다. 일연一然이 흥륜사 불상을 미륵상으로 기록한 것이 『삼국유사』가 찬술되던 고려시대 13세기 말에 흥륜사가 지녔던 종파적 성격과 관련될 가능성도 없지 않다.

황룡사 장육존상은 고려시대 1238년(고종 25)에 원元(1271~1368)에 의해 사원이 전소될 때 함께 불에 타 없어졌다. 그러나 정확한 봉안 위치를 알려주는 금당과 석조대좌(573~574)가 아직도 사지에 남아 있고, 불상의 머리 일부로 추정되는 4편의 나발螺髮이 금당 터에서 출토되기도 하였다. 석조대좌는 넓고

의 사신 행위에 대해서는 다음을 참조하였다. 顏尙文,「梁武帝受菩薩戒及捨身同泰寺與「皇帝菩薩」地位的建立」,『東方宗敎硏究』新 1期(臺灣 國立藝術學院 傳統藝術硏究中心, 1990), pp. 43~89.

12 경상남도 울주군蔚州郡 천전리川前里 서석書石의 "甲寅年大王寺中安藏許作"이라는 명문은 흥륜사가 대왕사大王寺로 명명되었음을 알려 준다.

불상 나발 편, 신라 6세기 후반, 전체 길이 29.5cm, 나발 높이 3.5~4cm, 나발 밑지름 5.7~7cm, 황룡사 금당 터 출토, 국립경주박물관

황룡사 석조대좌, 신라 574년경, 경상북도 경주시

편평한 자연석으로, 가공된 윗면에는 두 발과 광배를 고정하던 3개의 구멍이 파여 있다. 비록 불삼존상은 남아 있지 않으나 조성 과정을 통하여 신라 불상의 주조 기술을 한 단계 발전시켰을 뿐만아니라 이후에 조성된 불상들의 중요한 모델이 되었을 것으로 추측된다.

『삼국유사』에는 장육존상에 대한 흥미로운 기록이 있다.

"새로 대궐을 용궁龍宮 남쪽에 세울 때, 황룡이 나타나서 사원으로 고쳐 황룡사라고 하였다. … 얼마 있지 않아 남해南海에서 거대한 배가 표류하여 하곡현河谷縣 사포絲浦 (지금의 울주시 곡포)에 이르렀다. (안을) 조사해 보니 편지가 있었는데, 그 내용은 다음과 같다. '서축西竺(서인도)의 아육왕阿育王(아소카왕)이 황철黃鐵 5만 7천 근斤과 황금 3만 푼(分)을 모았다.… 석가삼존상을 주조하려다가 이루지 못하자 배에 실으면서 인연 있는 나라에 도착하여 장육존상이 조성되길 바란다고 축원하였다.' (이 편지와 함께) 1

존의 불상과 2존의 보살상의 모본을 보내 왔다. … 금과 철을 경주로 가지고 와서 574년 3월에 장육존상을 주조하였는데 … 다른 책에는 '아육왕이 서축의 대향화국大香華國에서 석가모니불이 입멸入滅한 지 100년 후에 태어나 진신眞身으로 공양하지 못하였음을 한탄하여 금철金鐵 약간 근을 거두어 (장육존상을) 세 번 주조하려다가 성공하지 못하였다. … (왕이) 이에 배에 실어 바다로 보내어 남염부제南閻浮提의 16대국大國, 5백 중국中國, 1만 소국小國, 8만 마을을 두루 거치지 않은 곳이 없었으나, 모두 성공하지 못하였다. 마지막으로 신라에 이르러 진흥왕이 문잉림文仍林에서 그것을 주조하여 완성하니 아육왕이 비로소 근심이 없어졌다'고 기록하고 있다."[13]

사실 인도 마가다Magadha국 마우리아Maurya왕조의 아소카Aśoka왕(아육왕阿育王, 서기전 273년경~232년경 재위)[14]이 장육불상을 만들려고 시도했다는 것과 석가모니불삼존상의 모본模本을 보내왔다는 기록은 신빙성이 떨어지는 내용이다. 아소카왕 때에는 아직 불상을 만들지 않던 무불상無佛像시대이기 때

13　『三國遺事』권제3, 塔像 제4, [黃龍寺丈六]: "…將築紫宮於龍宮南有黃龍現其地乃改置爲佛寺號黃龍寺…未幾海南有一巨舫來泊於河曲縣之絲浦今蔚州谷浦也撿看有牒文云西竺阿育王聚金鐵五萬七千斤黃金三萬分…將鑄釋迦三尊像未就載舡泛海而祝曰願到有緣國土成丈六尊容幷載模樣一佛二菩薩像…輸其金鐵於京師以大建六年甲午三月…別本云阿育王在西竺大香華國生佛後一百年間恨不得供養眞身斂化金鐵若干斤三度鑄成無功…乃載舡泛海南閻浮提十六大國五百中國十千小國八萬聚落靡不周旋皆鑄不成最後到新羅國眞興王鑄之於文仍林像成相好畢備阿育王此鯀無憂…".

14　아소카왕은 최초로 인도를 통일한 마우리아 왕조의 찬드라굽타 마우리아Chandragupta Maurya왕의 손자이며, 빈두사라Bindusāra왕의 아들이다. 서기전 266년, 칼링가Kalinga국 (인도 동북부 오릿사Orissa지역)를 정벌하는 과정에서 많은 사람의 죽음을 목격하고 불교로 개종하였다. 아소카왕은 산치Sāñcī 대탑을 건립하고(좀 더 검증이 필요하지만), 석가모니불과 인연 있는 곳에 석주石柱(아소카 석주)를 세웠다. 석주는 현재 30여 개가 남아 있다. 또한 석가모니불의 사리를 봉안했던 8기의 사리탑舍利塔 중 7기에서 사리를 수습하여 다시 8만 4천개로 나눈 다음, 84,000기의 탑을 세워 봉안하였다. 아소카 불탑이 그것으로, 중국에서는 아육왕탑阿育王塔 혹은 육왕탑育王塔이라고 명명되었다.

문이다. 그러나 이 기록은 고대의 불교 신도들이 아소카왕을 어떻게 생각하고 있었는지를 잘 보여 준다. 그가 세운 석주石柱(아소카 석주)와[15] 불탑佛塔(아육왕탑)을 중심으로 인도 불교가 발전했기 때문에 당연히 석가모니불상도 만들었던 왕으로 인식된 듯하다.[16] 인도 사람들은 5세기 초 이전에 이미 이러한 생각을 지니고 있었는데, 법현法顯이 인도를 여행할 때 상캬시아Sānkāśya국國(지금의 산카샤Sankassa)에서 아소카왕이 만든 장육입상丈六立像을 실견했다는 『불국기佛國記』(413~416)의 기록이 이를 입증해 준다.

황룡사 장육존상의 모본인 석가모니불삼존상과 불상재佛像材를 아소카왕이 직접 보내왔다는 기록은 믿기 어려운 이야기지만, 아육왕상의 전파 루트가 『삼국유사』의 기록과 같이 동남아시아의 바닷길과 관련될 가능성은 매우 높다. 인도의 아육왕상은 이 길을 통하여 중국 남조와 신라로 전해졌고[17], 마침내 황룡사에서 아육왕상 즉 장육존상이 조성된 것이다. 현존하는 아육왕상이 실크로드와 그 연장선인 산시성(陝西省) 시안(西安)과 허난성(河南省) 뤄양(洛陽)에서는 발견되지 않고, 바닷길과 관련되는 중국의 남조에서만 확인된다는 점

---

15 남조 양에서는 아소카 석주를 방불케 하는 신도주神道柱가 세워지기도 하였다. 난징에 있는 소경蕭景 무덤(523년)의 신도주는 돌기둥의 꼭대기에 사자상이 조각되어 있어서 아소카 석주와 많이 닮았다.

16 지금은 아소카왕이 재위하던 서기전 3세기가 무불상시대 임을 알지만, 이러한 정보가 전혀 없던 고대에는 불상 조성이 언제부터 시작되었는지를 알 수가 없었다. 심지어 사람들은 석가모니불이 인간 세상에 있을 때 우다야나왕Udayana(우전왕優塡王)이 전단목栴檀木(우두전단牛頭栴檀)으로, 프라세나지트Prasenajit(파사닉波斯匿)왕이 자마금紫磨金으로 불상을 만들었다고 생각하였다.

17 아육왕상인지는 특정할 수 없지만, 선덕여왕善德女王(632~647 재위)도 영묘사靈妙寺의 소조장육존상塑造丈六尊像을 조성하였는데, 이 불상은 764년(경덕왕 23)에 개금改金되었다고 한다(『三國遺事』 권제4, 義解 제5, [良志使錫].). 신라의 장육존상에 대해서는 다음을 참조하였다. 차윤정, 「황룡사 장육, 영묘사 장육−緣起설화의 재해석」, 『新羅文化祭學術發表論文集』 37(동국대학교 신라문화연구소, 2016), pp. 1~21.

도 이를 증명해 준다.

　남조에서는 아소카왕과 관련되는 『아소카아바다나Aśokāvadāna』가 서진西晉의 306년에 안법흠安法欽에 의해 『아육왕전阿育王傳』7권으로 번역되고, 양의 512년에는 건강(난징)에서 승가바라僧伽婆羅에 의해 『아육왕경阿育王經』10권으로 다시 한역되어 아소카왕의 전설적인 이야기가 유행하였다. 그런데 남조의 아육왕상에 대한 기록은 동진東晉에서 주로 나타난다. 이 중 4세기의 기록인 아소카왕의 넷째 딸이 만든 양도揚都(난징) 장간사長干寺의 금상金像(326년경 ~334년경)과 아소카왕이 직접 조성한 형주荊州(장링江陵) 장사사長沙寺의 금상, 5세기 초에 아육왕상으로 인식된 루산(廬山)의 문수사리보살금상文殊師利菩薩金像 등은 대표적인 예이다.[18]

18　문헌에 기록된 남조 불상에 대해서는 다음을 참조하였다. Soper A. C., "Literary evidence for early Buddhist art in China: pseudo-foreign images," *Artibus Asiae*, vol.16, no.1(1953), pp. 83~110. 한편 아소카왕의 전설적인 이야기는 둔황 막고굴 323굴의 남벽에 그려진 아육왕금상출현전설도阿育王金像出現傳說圖에서도 확인된다. 불상 왼쪽에는 "동진東晉 양도揚都의 물 속에 오색 빛이 밤낮으로 있다가 물 위로 나타났는데, 바로 옛 금동아육왕상 1구를 얻었다. 상의 크기가 장육이며, 얼마 지나지 않아 대좌도 도달하였다"는 내용이, 대좌 옆에는 "동진 때, 바다 위에 금동불상의 대좌 하나가 떠 있었는데, 이것은 곧 아육왕상의 대좌로서 이 상과 맞춰보니 딱 맞았다. 불상은 현재 양도 서령사西靈寺에서 공양되고 있다"는 내용이, 대좌가 그려진 벽면의 오른쪽에는 "보주형 광배가 빛을 발하고 있으며, 그 광배와 상을 맞춰보니 곧 양도 육왕育王의 광배였다"라는 내용이 각각 먹으로 적혀 있다. 둔황 막고굴 323굴의 벽화 내용에 대해서는 다음을 참조하였다. 敦煌文物研究所 編, 『中國石窟 敦煌莫高窟』 제3권(東京: 平凡社, 1981), 도판 64, 66 및 pp. 253~255 도판 설명; 鄧健吾, 『敦煌への道』(東京: 日本放送出版協會, 1978), pp. 116~117 도판 설명; 史葦湘, 「劉薩訶與敦煌莫高窟」, 『文物』 1983-6, p. 8; 金理那, 「阿育王 造像 傳說과 敦煌壁畵」, 『蕉雨黃壽永博士古稀紀念美術史學論叢』(서울: 通文館, 1988), pp. 853~866; 成都市文物考古工作隊成都市文物考古研究所, 「成都市西安路南朝石刻造像淸理簡報」, 『文物』 1998-11, pp. 4~20; 김리나, 『한국의 불교조각』(서울: 사회평론아카데미, 2020), pp. 97~98.

두승일이 만든 아육왕상, 양 551년, 높이 48.5cm,
쓰촨성 청두시 시안로 출토, 중국 청두시문물고고연구소

석조불입상, 쿠샨시대 2~3세기, 높이 92.7cm,
간다라 출토, 파키스탄 페샤와르박물관

실제 남조의 주요 도시였던 쓰촨성 청두(成都)에서는 두승일杜僧逸이 죽은 아들을 위하여 양나라 551년에 만든 아육왕상이 시안로(西安路)에서[19], 북주北

19 1995년, 쓰촨성 청두시 시안로에서 발견된 홍사암紅砂岩 재질의 아육왕상은 아소카왕이 만든 석가모니불상을 남조 사람들이 어떻게 인식하고 있었는지를 잘 보여준다. 남조의 아육왕상에 대해서는 다음을 참조하였다. 劉志遠·劉廷璧, 『成都萬佛寺石刻藝術』(北京: 中國古典藝術出版社, 1958); 袁曙光, 「成都萬佛寺出土的梁代石刻造像」, 『四川文物』 1991-3, pp. 27~31; 李巳生, 「成都萬佛寺梁代造像藝術特色的形成」, 『敦煌研究』 1992-3, pp. 86~92; 山名伸生, 「吐谷渾と成都の佛像」, 『佛教藝術』 218(1995), pp. 11~38; 袁曙光, 「四川省博物館藏萬佛寺石刻造像整理簡報」, 『文物』 2001-10, pp. 19~38; 四川博物院·成都文物考古研究所·四川大學博物館 編著, 『四川出土南朝佛教造像』(北京: 中華書局, 2013); 蘇鉉淑, 「政治, 祥瑞和復古: 南朝阿育王像的形制特徵及其含义」, 『故宮博物院院刊』 2013-

周 문제文帝의 아들인 우문초宇文招가 익주益州(쓰촨성 청두) 총관總管(561~565 재임)일 때 만들었던 아육왕상이 만불사지萬佛寺址에서 각각 출토되었다.[20] 두승일이 조성한 아육왕상은 이목구비가 뚜렷하고 八자 모양의 콧수염을 지닌 인도 쿠샨Kushan시대 간다라Gandhāra 불상의 얼굴 모습을 하고 있다. 통견 방식으로 입은 법의도 간다라 불상의 그것과 같이 목에서부터 다리까지 U자 모양을 그리며 흘러내리고 있다.[21] 이 상은 쿠샨시대 간다라 불상과 유사한 반면, 우문초가 조성한 아육왕상은 얼굴 모습과 U자를 그리며 흘러내린 법의 주름의 표현 방식이 굽타Gupta시대의 마투라Mathurā 불상과 닮았다.

574년, 진흥왕이 인식한 아육왕상, 즉 아소카왕이 만든 석가모니불상의 모습은 두승일이 만든 아육왕상과 흡사했을 것으로 추정된다. 황룡사 장육존상이 특정한 불상의 이름이 아니라 기념비적 크기인 "장육(1장 6척)"을 강조한 것도 "장육존상丈六尊像"과 "장팔존상丈八尊像"[22]으로 명명되었던 남조의 아육

5, pp. 145~160; 배재호, 『중국 불상의 세계』(파주: 景仁文化社, 2018), pp. 62~63.

20   쓰촨성 청두에서만 아육왕상이 출토되었지만, 남조에서의 아육왕상의 원류는 난징(건강)에 있다고 보기도 한다. 지금까지 난징에서 아육왕상이 발견되지 않은 이유는 후경侯景의 난(548~551)으로 인해 불상들이 파괴되었기 때문이라고 한다. 후경의 난이 일어나기 전, 양 무제는 익주를 매우 중시하여 친척인 소씨蕭氏들을 익주자사益州刺史로 임명하였다. 이들이 익주자사로 부임할 때, 건강의 고승들을 대동함으로써 건강의 불교가 익주에 상당한 영향을 미쳤고, 이러한 분위기 속에서 청두의 아육왕상이 조성되었다고 보는 것이다.

21   남조의 아육왕상 관련 기록에서는 계빈국罽賓國(카슈미르Kashmir) 출신의 승려들이 많이 등장하고 있어서 이 상의 조형적인 원류가 고대 서북 인도에 있었을 가능성을 추측하게 한다. 사실 아육왕상이 출토된 쓰촨성에서는 르산(樂山)의 마호麻浩 애묘崖墓에 새겨진 불좌상과 분묘 출토의 요전수搖錢樹의 불상 등 후한시대 불상에서부터 고대 서북 인도에 있던 간다라 불상의 특징이 나타난다(배재호, 『중국 불상의 세계』(파주: 景仁文化社, 2018), pp. 20~24.).

22   중국의 장팔존상에 대해서는 다음을 참조하였다. 劉海宇·史韶霞, 「青島市博物館藏雙丈八佛及相關問題探析」, 『敦煌硏究』 2011-4, pp. 31~35; 徐光輝, 「山東境內北朝時期的丈

금동불입상, 신라 6세기 후반, 높이 20cm, 동국대학교박물관
1969년, 황룡사지 서금당西金堂 부근에서 출토되었다.

왕상과 관련될 가능성을 높여 준다.[23]
　　황룡사의 장육존상을 발원한 진흥왕은 아소카왕과 그가 만든 아육왕상

八佛」,『國際社會文化硏究所紀要』19(2017), pp. 43~63.

23　후한척後漢尺(23.7cm), 남조척南朝尺(당소척唐小尺 24.5cm), 당척唐尺(대척大尺
　　29.7cm)을 모두 감안하면, 불상의 추정 높이는 3.9미터부터 4.8미터까지 해당된다. 한편
　　6세기에 혜교慧皎가 "불상을 법신法身으로 표현하려면 장육丈六으로 한다(…存形者謂
　　法身定於丈六…)."(『高僧傳』권제8, 義解篇, T. 50, No. 2059, p. 383상.)고 하거나 소명昭
　　明 태자(양 무제의 아들)의 물음에 법총法寵이 "금색 장육의 몸도 법신이다(…金姿丈六
　　亦是法身…)."(『廣弘明集』권제21, 法義篇 第四之四, 梁昭明太子答雲法師請講書三首, T.
　　52, No. 2103, p. 251상.)라고 한 대답은 장육존상이 법신불法身佛로 인식되었음을 알려
　　준다.

에 대한 이야기를 양나라 유학을 마치고 돌아온 각덕覺德(549년 귀국) 등 신라 승려들로부터 전해 들었을 것이다.[24] 양 무제가 양나라의 아소카왕이라고 여겼듯이 진흥왕은 황룡사 장육존상, 즉 아육왕상 조성을 통하여 신라의 아소카왕이 되고자 한 것으로 추정된다. 이러한 의도에서 황룡사 장육존상과 아소카왕의 특별한 인연을 강조한 것으로 보인다.

불교를 공인한 법흥왕法興王(514~539 재위) 때부터 진덕여왕眞德女王(647~653 재위) 때까지 불교식 왕명王名을 사용한 것은 인도 불교의 진종眞種 사상을 신라에서 체제화하는 과정이라고 볼 수 있다.[25] 황룡사 장육존상도 이러한 분위기 속에서 조성된 것이다.[26] 당시 양나라에서 조성된 많은 불상 중에

---

24 549년(진흥왕 10)에 양의 사신 심호沈湖가 신라 승려 각덕과 함께 신라로 올 때 불사리佛舍利를 가져왔고, 565년(진흥왕 26)에 진의 사신 유사劉思가 신라 승려 명관明觀과 함께 올 때 경론經論 1,700여 권을 가지고 왔다는 사실(『三國遺事』 권제3, 興法 제3, [原宗興法厭髑滅身].)은 6세기 후반에 남조 문화의 영향이 신라에 미치고 있었음을 알려준다.

25 5세기 중엽부터 신라에서는 불교식 왕명이 나타나는데, 자비마립간慈悲麻立干(458~479 재위), 소지마립간炤知麻立干(479~500 재위), 지증왕智證王(500~514 재위), 법흥왕法興王(514~540 재위), 진흥왕眞興王(540~576 재위) 등이 그 예이다. 또한 진흥왕의 아들은 금륜金輪(혹은 사륜舍輪(철륜鐵輪))과 동륜銅輪이며, 동륜의 아들인 진평왕(579~632 재위)은 백정白淨(백반白飯, 석가모니불의 아버지 슛도다나Suddhodana의 이름), 선비先妣인 김씨는 마야摩耶부인(석가모니불의 어머니 이름), 후비인 손씨는 승만僧滿부인, 딸은 덕만德曼(선덕여왕)과 천명天明이었다. 진평왕의 동생은 백반伯飯과 국반國飯이었으며, 국반의 딸은 승만勝曼(진덕여왕)이었다. 백반과 국반은 원래 슛도다나왕의 형제이다. 선덕여왕의 선덕善德은 "석가모니불이 입멸한 후 700년이 지나 선덕바라문善德婆羅門이라는 여인이 나라를 다스리는데, 이 때의 이름은 아소카Asoka(阿叔伽)이다"라는 『대방등무상경』의 기록(『大方等無想經』 권제4, T. 12, No. 387, p. 1097하.)과 관련되며, 진덕여왕의 이름인 승만은 『승만사자후일승대방편방광불경勝鬘獅子吼一乘大方便方廣佛經』의 주인공인 승만부인의 이름에서 유래되었다. 승만부인은 원래 코살라Kosala국의 프라세나지트Prasenajit(파사닉波斯匿)왕의 딸로, 여성 재가불자의 대표적인 사람이다.

26 신라가 석가모니불 이전부터 불교와 이미 인연 있는 나라 임을 강조한 것은 과거칠불이

서 특별히 아육왕상을 모델로 한 장육존상을 신라 불교의 중심 사원인 황룡사에 봉안한 것도 신라 불교의 전통을 중국 양나라가 아니라 인도에서 직접 찾으려는 의도로 볼 수 있다.

가르침을 펼쳤다는 일곱 개의 사원, 즉 칠처가람설七處伽藍說를 통하여 알 수 있다. 특히 과거칠불 중 가섭불이 와서 설법할 때 앉았다는 황룡사의 가섭불연좌석迦葉佛宴坐石(『三國遺事』권제3, 塔像 제4, [迦葉佛宴坐石].)은 칠처가람설을 증명하기 위한 구체적인 예라고 볼 수 있다.

황룡사지 출토 편단우견식 금동불입상

편단우견 방식으로 법의를 입고 한 손으로 지물持物을 쥐고 있는 금동불입상이 경주 황룡사지와 경상북도 영주榮州의 숙주사지宿水寺址(현 소수서원紹修書院 주변)에서 다수 출토되었다.[27] 불상은 대략 10cm부터 30cm까지의 크기로, 명문이 없어서 존명은 구체적으로 알 수가 없다. 불상은 몸을 살짝 비틀어 편안한 자세로 서 있으며, 법의는 몸의 윤곽이 드러날 만큼 밀착되어 있다. 한쪽 다리의 힘을 빼고 서서 반대쪽 엉덩이를 치켜올린 모습은 인도 굽타Gupta시대 불상의 삼곡三曲(혹은 삼굴三屈) 자세와 닮았다. 불상의 관능미官能美와 이국적인 모습은 인도 남부, 스리랑카, 동남아시아의 불상에서 보이며, 그 영향을 받은 중국 남조 지역의 불상과 산동성 칭저우(靑州) 용흥사지龍興寺址 출토의 불상 등에서도 확인된다. 『해동고승전海東高僧傳』에는 안함安含이 수나라에서 귀국할 때 세 명의 인도 승려를 데리고 와서 황룡사에 머물렀다는 기록이 있는데,[28] 불상이 이들 인도 승려와 관련될 가능성도 없지 않다. 불상의 존명은 지물을 약기藥器로 본 약사불과[29] 보

---

27 1953년, 숙수사지에서 신라시대와 통일신라시대의 금동불상 27존이 출토되었다. 불상에 대해서는 다음을 참조하였다. 金載元, 「宿水寺址 出土 佛像에 對하여」, 『震檀學報』 19(진단학회, 1958), pp. 5~23; 秦弘燮, 「宿水寺址出土 銅佛」, 『考古美術』上卷(第1號~第100號 合輯, 한국미술사학회, 1979) 17(2권 12호, 1961), pp. 184~185; 김동하, 「신라 소형금동불의 제작기법과 그 전개양상-영주 숙숙사지 출토 금동불상군을 중심으로」, 『신라의 금동불』(국립경주문화재연구소, 2011), pp. 228~255; 김동하, 「영주 숙수사지 출토 금동불상군의 제작기법 고찰」, 『新羅文化』 40(동국대학교 신라문화연구소, 2012), pp. 75~106.

28 안함은 601년(진평왕 23)에 수나라에 들어가 유학한 후 605년(진평왕 27)에 인도 승려 3명, 중국 승려 2명과 함께 귀국하여 황룡사에서 경전을 번역하였다(『海東高僧傳』 권제2, 釋安含, T. 50, No. 2065, p. 1021하: "…注云北天竺烏萇國毘摩羅眞諦年四十四農伽陀年四十六摩豆羅國佛陀僧伽年四十六…旃檀香火星光妙女經…".).

29 약사불 설은 밀본密本이 선덕여왕을 치료하기 위해 사용한 『약사유리광여래본원공덕경藥師琉璃光如來本願功德經』이 주목을 받으면서 약사불상이 유행한 것으로 본다(金春實, 「三國時代의 金銅藥師如來立像 硏究」, 『美術資料』 36(국립중앙박물관 미술부, 1985), pp. 1~24; 林南壽, 「고대한국 약사신앙의 전개양상과 조상」, 『史林』 24(성균관대학교, 2005), p. 76, 83~85.).

주寶珠로 본 석가모니불로 나뉜다.[30] 석가모니불이라는 견해는 6세기 말에 신라 불상에 영향을 준 양나라 불상 중 보주를 든 석가모니불상에서 그 근거를 찾는다.[31] 또한 보주를 든 불상의 조형적인 시원을 스리랑카(사자국師子國) 무외산사無畏山寺에 봉안되어 있던 오른손에 무가보주無價寶珠를 든 3장丈 높이의 청옥여래상靑玉如來像에서 찾기도 한다.[32] 그러나 불공不空(705~774)이 번역한 『약사여래염송의궤藥師如來念誦儀軌』에는 무가보주와 약기가 같다는 기록[33]이 있어서 무외산사의 청옥여래상이 석가

---

30 석가모니불 설과 관련해서는 다음을 참조하였다. 최성은, 「新羅 佛敎彫刻의 對中交涉」, 『新羅 美術의 對外交涉』(서울: 도서출판 藝耕, 2000), pp. 41~45; 関丙贊, 「韓國三國時代の金銅如來立像の圖像再考, 右手に寶珠を持つ如來立像を中心に」, 『鹿園雜集』 6(奈良國立博物館, 2004), pp. 111~112.

31 보주를 든 석가모니불상의 예로는 쓰촨성 청두(成都)에서 출토된 "釋迦石像"명 석조불비상石造佛碑像(양 532년(中大通 4))(이와 관련해서는 霍巍, 「四川大學博物館收藏的兩尊南朝石刻造像」, 『文物』 2001-10, pp. 39~40.)과 청두 만불사지萬佛寺址에서 출토된 "釋迦文石像"명 석조불비상(양 533년(中大通 5))(이와 관련해서는 袁曙光, 「四川省博物館藏萬佛寺石刻造像整理簡報」, 『文物』 2001-10, pp. 29~30.)이 있다. 이후 북주의 580년(大象 2)에 조성된 쓰촨(四川)박물원 소장 "釋迦佛像"명 석조불입상(翟春玲, 「西安市出土的一批隋代佛道造像」, 『文物』 2002-12, p. 92의 표; 八木春生, 「西安北周石造如來立像關一考察」, 『泉屋博古館紀要』 24(2008), p. 66.), 수의 592년(開皇 12)명 석가입상(김은아, 「持寶珠如來像에 대한 研究 – 南北朝-唐代 持寶珠如來像의 成立과 展開를 中心으로」, 『佛敎美術史學』 23(불교미술사학회, 2017), pp. 31~59.) 등이 확인된다. 한편 산동성 칭저우(靑州) 용흥사지龍興寺址에서 출토된 것으로서 왼손에 화염보주가 표현된 석조불입상(국립중앙박물관, 『고대불교조각대전』, 2015, p. 127의 도62.)과 관련된다고 보기도 한다(양수미, 「寶珠를 든 偏袒右肩 佛像에 대한 몇가지 문제」, 『東垣學術論文集』 17(국립중앙박물관, 2016), pp. 6~29.).

32 『高僧法顯傳一卷』, T. 51, No. 2085, pp. 864하~865상: "…中有一靑玉像高三丈許通身七寶焰光威相嚴顯非言所載右掌中有一無價寶珠法顯去漢地積年所與交接悉異域人山川草木擧目無舊又同行分披或流或亡顧影唯己心常懷悲忽於此玉像邊見商人…".

33 가부좌한 약사여래가 왼손으로 무가주라는 약기를 잡고 있다(『藥師如來念誦儀軌一卷』, T. 19, No. 924A, p. 29중: "…藥師如來像如來左手令執藥器亦名無價珠右手令作結三界印一着袈裟結跏趺坐令安蓮華臺…".)는 『약사여래염송의궤1권』의 기록은 약기가 곧 무가주(보주) 임을 알려 주고 있어서 숙수사지와 황룡사지에서 출토된 금동불입상의 지물이 무가주라는 이름의 약기일 가능성도 없지 않다.

모니불이 아니라 약사불일 가능성도 없지 않다. 한편 지물은 없으나 경주 단석산斷石
山 신선사神仙寺의 마애불상군에도 편단우견 방식으로 법의를 입고 삼곡 자세를 취한
불입상이 있어서 주목된다.

금동불입상, 신라 7세기 전반, 높이 22.6cm, 국립중앙박물관(사진:김세영)
1910년, 조선총독부박물관에서 구입하였다.

금동불입상, 신라 7세기 전반, 높이 30.7cm, 국립중앙박물관

1911년, 조선총독부박물관에서 구입하였다. 낮고 둥근 육계와 머리의 경계가 모호하다. 불상은 엉덩이를 올리고 왼쪽 무릎을 살짝 내밀고 있다. 허리가 가늘고 오른팔이 몸에서 떨어져 있어서 공간감을 느낄 수 있다.

금동불입상, 신라 7세기 전반, 높이 17.5cm, 황룡사지 출토, 국립경주박물관

금동불입상, 신라 7세기 전반, 높이 16.7cm, 숙수사지 출토, 국립중앙박물관

소수서원 뒤편에서 불상, 보살상, 반가사유상, 탄생불입상, 공양자상, 신장상 등 27존이 출토되었는데, 함께 매장된 배경은 구체적으로 알 수가 없다.

[비교 예] 호류지 헌납보물 제152호 금동불입상, 아스카시대 7세기, 높이 30.1cm, 일본 도쿄국립박물관

불상은 황룡사지와 숙수사지 출토의 금동불입상과 같이 오른손에 보주(혹은 약보藥寶)가 있어서 신라에서 전래되었거나 신라 불상의 영향을 받아 조성된 것으로 보기도 한다. 다만 직립한 채 정면을 바라보고 있는 얼굴, 통견 방식으로 착용한 법의, 등 뒤쪽에 드리워진 술 장식은 황룡사지와 숙수사지 불상과는 다른 모습이다.

조각승彫刻僧 양지良志

선덕여왕善德女王(632~647 재위) 때부터 문무왕文武王(661~681 재위) 때까지 활동한 석장사錫杖寺의 승려 양지는 영묘사靈妙寺의 장육삼존상丈六三尊像과 천왕상天王像, 천왕사天王寺 탑의 팔부신장상八部神將像, 법림사法林寺의 삼존三尊과 좌우 금강신金剛神 등을 조성하였다.[34] 그가 영묘사 장육삼존상을 만들 때, 성중城中의 남녀가 다투어 진흙을 날랐다고 한다. 이 때 그가 지어 부르게 한 노래인 「풍요風謠」가 『삼국유사』에 실려 있다. 영묘사 장육삼존상은 양지가 선정禪定 속에서 관상觀像했던 불佛의 모습을 모델로 한 것이다.

경상북도 경주시 현곡면見谷面 금장리金丈里에 있는 석장사지에서는 『삼국유사』에 기록된 석장사 삼천불상三千佛像과 관련되는 다량의 탑상문전塔像文塼이 출토되었다. 이 중 피골이 상접한 모습의 고행상苦行像은 우리나라에서는 처음 확인되는 예이며, 전돌에 새겨진 연기법송緣起法頌은 당나라 승려 의정義淨(635~713)의 『남해기귀내법전南海寄歸內法傳』에 기록된 것과 같이 인도에서 탑을 건립할 때 행하던 법사리法舍利의 장엄 의식과 관련된다.

---

34 文明大, 「良志와 그의 作品論」, 『佛敎美術』 1(동국대학교박물관, 1973), pp. 1~24; 張忠植, 「錫杖寺址 出土 遺物과 釋良志의 彫刻遺風」, 『新羅文化』 3·4(동국대학교 신라문화연구소, 1987), pp. 87~101; 姜友邦, 「新良志論-良志의 活動期와 作品世界」, 『美術資料』 47(국립중앙박물관 미술부, 1991), pp. 1~26.

2. 반가사유상

"… 먼저 편안하게 앉아 있을 곳을 항상 안온하게 하여 오랫동안 방해가 없게 한다. 다음엔 다리를 바르게 해야 하는데, 반가좌라면 왼 다리를 오른 다리의 허벅지 위에 놓은 후 몸 가까이에 끌어당겨서 왼발 발가락을 오른 다리의 무릎과 나란하게 한다. … "[35]

『대승기신론大乘起信論』을 원효元曉(617~686)가 주석한『대승기신론소기회본大乘起信論疏記會本』의 내용이다. 승려들이 선관禪觀 수행할 때 반가부좌半跏趺坐(반가좌, Ardhaparyankasana)로

석조보살반가사유상, 북제, 높이 44.8cm, 너비 30.3cm, 국립중앙박물관 1910년대, 조선총독부박물관에서 구입하였다.

35　『大乘起信論疏記會本』권6,『韓國佛敎全書』1(동국대학교 출판부, 1979), pp. 782하~783상:"…云何調身委悉而言前安坐處每令安穩久久無妨次當正脚若半跏坐以左脚置右髀上牽來近身令左脚指與右腿齊若欲全跏卽改上右脚必置左髀上次左脚置右腿上次解寬衣帶不坐時落次當安手以左手掌置右手上累手相對頓置左脚上牽來近身當心而安次當正身前當搖動其身幷諸支節　依七八反如自按摩法勿令手足差異正身端直令肩骨相對勿曲勿聳次正頭頸令鼻與臍相對不偏不邪不仰不卑平面正住…".

144

앉아 몸을 조화롭게 하는 조신調身에 대한 설명으로, 반가사유상을 연상시킨
다. 반가사유상은 대좌에 앉아 오른발을 왼 다리의 허벅지 위에 올려 반가부
좌한 다음, 오른팔 팔꿈치를 오른쪽 무릎 위에 두고 오른손을 뺨에 댄 채 사유
하는 모습이다.

반가사유상

고대 인도의 간다라 지방(현 파키스탄)
인 모하메드 나리Mohammed Nari 출토
의 불전부조상佛傳浮彫像(라호르박물관)
에는 반가부좌로 사유하고 있는 싯다르
타 태자상이 표현되어 있다. 같은 지방
로리얀 탕가이Loriyan-Tangai 출토의 불삼
존상(캘커타인도박물관)은 교각交脚 자세
의 미륵상과 함께 표현되어 있어서 반가
사유상이 미륵과 관련 됨을 알려 준다.

중국 북위의 492년(태화太和 16)명
석조태자사유상石造太子思惟像에는 감
실龕室 중앙의 반가사유상과 그 아래의

금동보살반가사유상, 일본 666년,
높이 30.9cm, 일본 오사카(大阪) 야추지

"太子思惟像(태자사유상)"의 명문을 동반한 싯다르타 태자의 애마愛馬인 칸
다카Kanthaka가 표현되어 있다.[36] 그러나 북제의 552년(천보天保 3)명 석조

---

36 깨달음을 이루기 전의 미륵이 태자로 불린다는 점에 근거하여 중국의 태자사유상을 미
륵으로 보는 견해도 있다. 문명대, 「반가사유상의 도상 특징과 명칭 문제」, 『한국의 불

미륵불오존상石造彌勒佛五尊像에는 미륵불상과 미륵보살반가사유상이 앞뒷면에 걸쳐 조성되어 있다. 중국의 반가사유상 중에는 "용수사유상龍樹思惟像"과 "미륵삼회彌勒三會의 깨달음을 이루길 바란다"는 명문을 갖춘 예도 있다. 이는 석가모니불이 열반한 다음 56억 7천만 년 후에 인간 세상에 내려와 세 번의 설법을 하던 용화수 아래의 미륵을 표현한 것이다. 인도에서는 아직 성격이 정립되지 않았던 반가사유상이 중국에서 싯다르타 태자상과 미륵보살상으로 인식된 것을 알 수 있다.

중국의 영향을 받은 삼국시대 반가사유상은 태자사유상이 아니라 처음부터 미륵보살상으로 조성되었다.[37] 반가사유상은 중국 북조와 산동성을 경유하여 우리나라에 전해진 것으로 추정되며, 고구려와 백제에서도 그 예가 확인되지만, 대부분 옛 신라 영역이던 경상북도에서 출토되었다. 신라의 반가사유상이 7세기 전반에 승려들의 선관 수행의 대상으로 조성되었다. 본문에서 언급한 상 외에 신라 작으로 추정되는 예로는 안동安東 옥동玉洞 출토 금동보살반가사유상, 경주 성건동城乾洞 출토 금동보살반가사유상, 경주 송화산松花山 출토 석조보살반가사유상, 금릉金陵 출토 금동보살반가사유상, 영월 흥녕선원興寧禪院 출토 금동보살반가사유상 등이 있다. 통일신라시대 8세기 이후에는 반가사유상이 거의 조성되지 않았는데, 이는 승려들의 수행 방법의 변화와 관련될 가능성이 높다.

상조각1 三國時代 佛教彫刻史 研究 관불과 고졸미』(서울: 도서출판 藝耕, 2003), pp. 115~128.

37 일본 야추지(野中寺)의 금동보살반가사유상에 새겨진 "병인년丙寅年(666년)에 미륵상을 만든다"는 명문은 반가사유상이 미륵보살 임을 알려 준다. 이와 관련해서는 다음을 참조하였다. 關信子,「造像技法からみた野中寺彌勒菩薩半跏像」,『佛教藝術』110(1976), pp. 75~99.

금동보살반가사유상, 삼국시대 7세기 전반, 높이 13.6cm, 안동 옥동 출토, 국립대구박물관

석조보살반가사유상, 신라 7세기 전반, 높이 1.25m, 경주 송화산 출토, 국립경주박물관

금동보살반가사유상, 삼국시대 7세기 전반,
높이 11cm, 흥녕선원 터 출토, 국립춘천박물관
2018년, 강원도 영월군 무릉도원면 법흥리의 흥
녕선원興寧禪院 터에서 출토되었다. 흥녕선원
은 통일신라시대 9세기에 중창되었는데, 삼국시
대 7세기 전반의 이 상이 어떤 연유로 이곳에서
출토되었는지는 구체적으로 알 수가 없다.

반가사유상은 고대 인도의 간다라 지방(현 파키스탄)에서 불전佛傳 장면의 하나로 쿠샨시대부터 나타나며, 중앙아시아를 거쳐 중국 북조北朝(북위, 동위, 서위, 북제, 북주)에서 유행하였는데, 남조(동진, 송, 제, 양, 진)에서는 지금까지 발견된 예가 없다.[38] 현존하는 40여 존의 삼국시대 반가사유상은 대부분 옛 신라 영역에서 출토되었다.[39]

신라에서 반가사유상이 조성된 것은 6세기 중엽에 신라가 중국의 산동성과 연결되는 교통로인 한강 유역을 차지하여 중국 북조(특히 북제)와의 교류가 이루어지면서 가능하였다.[40] 신라의 반가사유상에 공통적으로 나타나는 허리

---

38 지금까지 남조 지역에서 반가사유상이 발견된 적은 없으나 동진東晉시대에 인도의 바라문승婆羅門僧이 태자사유서상太子思惟瑞像을 평성彭城(쉬저우徐州)으로 가지고 왔다는 기록은 확인된다(『續高僧傳』권제29, 唐鄜州大像寺釋僧明傳, T. 50, No. 2060, p. 692상; 『集神州三寶感通錄』卷中, 東晉徐州太子思惟像緣十二, T. 52, No. 2106, p. 417 상중.). 쉬저우 오사吳寺에 있던 태자사유서상은 이후 북위의 효문제孝文帝가 북대北臺(산시성山西省 따퉁大同)에 모셨으며, 북제 때에는 예청(鄴城)으로 이안되었고, 7세기 후반엔 상주相州 대자사大慈寺(예청 향당산響堂山석굴)에 봉안되었다고 한다(『法苑珠林』권제91, 受齋篇 제89, 述意部 제1, T. 53, No. 2122, p. 955하.).

39 『삼국유사』(권제3, 塔像 제4, [彌勒仙花未尸郎眞慈師].)에 기록된 흥륜사 금당의 미륵상이 반가사유상인지 혹은 제齊의 483년명 석조미륵불상과 같은 좌상인지에 대해서는 알수가 없다. 『삼국유사』의 기록이 맞다면, 신라 최초의 사원인 흥륜사에 봉안된 불상이 석가모니불상이 아니라 미륵상이라는 점은 주목할 만하다.

40 신라는 553년에 한강 유역을 점령한 후, 당항성黨項城(경기도 화성)과 산동성 등저우(登州) 사이의 교통로를 통하여 중국과 활발하게 교류하였다. 6세기 후반, 신라의 대중국 교류는 대부분 남조의 진陳과 이루어졌지만, 564년(진흥왕 25)과 572년(진흥왕 33)에는 북제와의 교류도 있었다. 또한 7세기 중엽인 654년(하쿠치白雉 5) 2월에 왜가 당에 파견한 3차 견당사遣唐使가 선택한 항로가 신라도新羅道라는 사실(『日本書紀』권제25, 天萬豐日天皇 孝德天皇 白雉 五年 二月(연민수·김은숙·이근우·정효운·나행주·서보경·박재용, 『역주 일본서기』3, 동북아역사 자료총서124(서울: 동북아역사재단, 2013), p. 252 재인용.)은 신라와 당의 교류가 얼마나 활발하였는지를 보여 준다. 한편 서해 중부 횡단 항로에 대해서는 다음을 참고하였다. 고경석, 「신라의 對中 해상교통로 연구-중부 횡단 항로와 남부 사단 항로 개설 시기를 중심으로」, 『新羅史學報』21(신라사학회,

둔황 막고굴 285굴 남쪽 천장의 반가사유상과 수행승려상, 서위 538~539년
천장이 시작되는 곳에 나란히 그려진 감실 속 수행修行 승려상들과 반가사유상은
반가사유상의 조성 목적이 승려들의 선관 수행과 관련된다는 것을 알려 준다.

양옆에 드리운 띠 장식은 산동성 동남부 지방의 반가사유상에서만 확인된다.
이는 북제 반가사유상의 영향이 이곳을 경유하여 신라에 미쳤을 가능성을 추
측하게 한다.[41]

　신라의 반가사유상들은 명문이 없어서 존명을 알 수 없지만, 7세기 전반
에 유행한 승려들의 선관 수행과 관련될 가능성이 높다.[42] 원효가 『대승기신
론소기회본』에서 선관 수행 자세(조신)의 하나로 반가좌를 언급한 것도 이러

2011), p. 110; 박순발, 「백제의 해상 교통과 기항지-對 中國 航路를 중심으로」, 『百濟學
報』 16(백제학회, 2016), pp. 5~25.

41　삼국시대 반가사유상에 보이는 양쪽 허리 아래의 띠 장식은 중국의 반가사유상 중에서
산동성 동남부인 린쉬(臨朐)와 칭저우(靑州)의 반가사유상에서만 보이는 특징이다. 이
와 관련해서는 다음을 참조하였다. 山東臨朐山旺古生物化石博物館, 『臨朐佛敎造像藝
術』(北京: 科學出版社, 2010), 도88, 도89.

42　구체적인 발원 목적을 명시한 불상들과 달리 반가사유상은 선관 수행을 위한 관상觀像
의 대상이었기 때문에 굳이 명문을 새길 필요가 없었다.

한 추측에 힘을 실어 준다. 이는 신라의 반가사유상에 영향을 준 중국 북조에서 반가사유상이 선관 수행과 밀접한 관련이 있었던 것에서도 알 수 있다. 즉 4세기 말부터 승려들은 선관 수행을 통하여 도솔천兜率天에 태어나 미륵보살을 친견하고, 56억 7천만년 후에 함께 용화龍華 세상에 내려와 미륵불의 설법을 듣고 깨달음을 이루고자 하였다. 그들은 선관 수행의 대상으로서 반가좌, 교각좌交脚坐, 의좌倚坐 자세를 한 미륵상을 조성하였다.[43] 신라에서도 이러한 영향을 받아 7세기부터 본격적으로 선관 수행의 대상으로서 미륵보살반가사유상이 조성된 것으로 추정된다. 신라 승려들은 반가사유상을 보고(관觀) 자신도 같은 자세로 앉아 수행함으로써 결국 도솔천에 태어나 미륵보살의 가르침으로 깨달음을 이루고자 하였다.[44] 승려들의 이러한 생각은 당시 유행한

---

[43] 미륵 사상과 관련되는 경전은 미륵상생彌勒上生의 『관미륵보살상생도솔천경觀彌勒菩薩上生兜率天經』, 미륵하생彌勒下生의 『미륵대성불경彌勒大成佛經』과 『미륵하생경彌勒下生經』이 있다. 미륵상생 관련 경전은 석가모니불의 수기受記를 받아 도솔천에 태어난 미륵보살이 사람들을 위하여 주야晝夜로 설법하고, 석가모니불의 열반 후 56억 7천만년 뒤에 사람들과 함께 인간(용화) 세상에 내려와 미륵불이 된다는 내용으로 이루어져 있다. 미륵하생 관련 경전은 시두말성翅頭末城에서 브라흐만(바라문婆羅門)의 아들로 태어난 미륵이 출가하여 용화수龍華樹 아래에서 깨달음을 이루어 미륵불이 된 후 사람들을 위해 세 번의 설법을 한다는 내용으로 구성되어 있다.

[44] 자장慈藏(590~658)도 입당入唐하기 전에 조용한 곳을 찾아서 고골관枯骨觀(백골관白骨觀)을 닦았다고 한다(『三國遺事』 권제4, 義解 제5, [慈藏定律];『續高僧傳』 권제24, 唐新羅國大僧統釋慈藏傳, T. 50, No. 2060, p. 639상:"…遂登陳獨靜行禪不避虎兕常思施時或弊睡心行將徵遂居小室周障棘刺露身直坐動便刺肉懸髮在梁用祛昏漠修白骨觀轉向明利…".). 고골관은 선관 수행의 중요한 지침서였던 『선비요법경禪秘要法經』에 기초한 것으로서, 미륵을 만나는 것을 목적으로 하는 부정관법不淨觀法 다음 단계의 수행법이다. 고골관은 『선비요법경』 [정종분定宗分]의 조용한 곳에서 가부좌하고 산란한 마음을 다스리는 제1관법 계념법繫念法과 제2관법 백골관상법白骨觀想法, 제11관법 백골류광관법白骨流光觀法과 연관된다. 한편 자장이 법상法常에게 『섭대승론攝大乘論』을 배우기 위해 장안(시안)의 공관사空觀寺에 유학한 것도 그가 신라에서 닦았던 고골관과 관련될 가능성이 높다. 이와 관련해서는 다음을 참고하였다. 朴太源,「慈藏 사상의 기반-白骨

금동보살반가사유상, 신라 7세기 전반, 높이 27.5cm, 경상남도 양산시 물금면 출토, 국립중앙박물관(사진:김세영)
1980년, 국립중앙박물관에서 입수하였다.

觀 수행의 사상적 의미를 중심으로-」,『佛教文化研究』4(영축불교문화연구원, 1995), pp. 103~105; 남무희,『신라 자장 연구』(서울: 서경문화사, 2012), pp. 100~101.

『관미륵보살상생도솔천경觀彌勒菩薩上生兜率天經』과도 관련된다. 다만 경전에서
는 미륵보살이 반가 자세가 아닌 가부좌한 모습으로 표현되어 있으며, 보살이
설법할 때 많은 화불化佛이 나타난다고 기록하고 있다.[45] 가부좌를 취하진 않
았지만, 경상남도 양산시梁山市 어곡동魚谷洞에서 출토된 금동보살반가사유상
에서는 경전의 내용과 같이 보관에 화불이 표현되어 있다. 금동보살반가사유
상은 상체의 양감量感과 보관 형식을 통하여 7세기 전반에 제작된 것으로 추
정된다. 2단으로 표현된 치마 주름은 국보 제83호 금동보살반가사유상과 유
사하다.

　　우리나라의 반가사유상을 대표하는 국보 제78호 금동보살반가사유상(반
가사유상(1962-1), 이하 78호 반가사유상)과 국보 제83호 금동보살반가사유상(반가사
유상(1962-2), 이하 83호 반가사유상)은 출처가 분명하지 않아 제작국에 대한 논란
이 여전히 남아 있다. 두 상의 가장 큰 차이는 천의天衣를 걸친 78호 반가사유
상과 달리, 83호 반가사유상은 상체에 아무 것도 입지 않았다는 것이다. 이들
상이 중국 북조의 영향을 받았다는 점을 전제로 하여 78호 반가사유상이 83
호 반가사유상보다 선행하는 형식으로 보기도 한다.[46] 즉 천의를 걸친 반가사
유상이 북조에서 6세기 중엽에 먼저 나타나고 아무것도 입지 않은 상이 그 후
에 조성되기 때문이다.[47] 또한 두 상에서는 주조할 때 상의 기본 형태를 이루

45　『觀彌勒菩薩上生兜率天經』, T. 14, No. 452, p. 419하.

46　중국의 반가사유상에 대해서는 다음을 참조하였다. 李玉珉, 「半跏思惟像再探」, 『故宮學
　　術季刊』 3-3(1986), pp. 41~57; 張總, 「北朝半跏思惟像的形式及題材演變」, 『美術史論』
　　1995-2, pp. 48~51; 李靜杰, 「定州白石佛像藝術中的半跏思惟像」, 『收藏家』 1998-4, pp.
　　34~36.

47　78호 반가사유상과 같이 상체에 천의를 걸친 상들은 동위東魏의 무정武定 연간
　　(543~549)부터 북제北齊의 천보天保 연간(550~559) 사이에 유행하였고, 북제 후기부
　　터는 83호 반가사유상과 같이 아무것도 걸치지 않는 상이 조성되었다. 이와 관련해서는
　　다음을 참조하였다. 임영애, 「한국 고대 불교조각의 허물어진 '경계':국보 제78호 반가사

는 내형토內型土의 성분이 다르다는 것이 밝혀졌다.[48] 두 상에 보이는 이러한 차이가 조성 시기나 국적 중 어느 것과 관련되는지는 단정할 수가 없다.

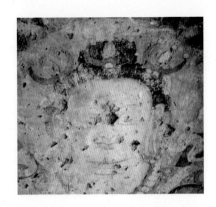

바미얀석굴 620굴 천장 동벽 보살상 보관, 5~6세기

78호 반가사유상은 대좌(돈墩) 위에서 반가 자세를 하고 오른손 손가락을 뺨에 대고서 사유하고 있는 모습이다.[49] 반가사유상은 3개의 꽃으로 장식된 보관을 쓰고, 아래쪽 가운데가 뾰족하게 나온 둥근 목걸이와 비천臂釧, 완천腕釧 등의 팔찌를 착용하고 있다. 아프가니스탄Afghanistan 바미얀 Bamiyan 석굴의 보살상 그림에서도 볼 수 있는 3개의 꽃 장식을 한 보관[50], 중앙아시아의 넝쿨나무 의자를 연상하게 하는 대좌, 북제 보살상에서 확인되는 목걸이 형식에서 78호 반가사유상의 조형적인 요소가 아프가니스탄, 중앙아시아, 중국 북제와 연결되는 것을 엿볼 수 있다.[51]

유상」, 『講座美術史』 45(한국불교미술사학회, 2015), pp. 335~355.

48 78호 반가사유상에서는 입자가 고운 회백색의 점토가, 83호 반가사유상에서는 3cm 길이의 식물 줄기와 모래 입자가 섞인 점토가 내형토로 사용되었다고 한다. 이와 관련해서는 다음을 참고하였다. 민병찬, 「금동반가사유상의 제작 방법 연구-국보 78, 국보 83호 반가사유상을 중심으로」, 『美術資料』 89(국립중앙박물관 미술부, 2016), pp. 191~213; 국립중앙박물관, 『한일금동반가사유상 과학적 조사연구보고』, 국립중앙박물관, 2017, p. 26.

49 78호 반가사유상의 출처에 대해서는 다음을 참고하였다. 關野貞, 「朝鮮三國時代の彫刻」, 『朝鮮の建築と藝術』(東京: 岩波書店, 1942), p. 506; 齊藤忠, 『朝鮮佛敎美術考』(東京: 寶雲舍, 1947), p. 60.

50 樋口隆康 編, 『BĀMIYĀN』京都大學中央アジア學術調査報告 第I卷 圖版篇(壁畫)(京都: 同朋舍メディアプラン, 2001), 도판 108.

51 78호 반가사유상과 조형적으로 닮은 예로 동위의 548년(武定 6)명 석조석가모니불삼존

78호 반가사유상은 상체에 천의를 걸쳤으며, 하체에는 치마를 입고 있다. 반가사유상에서는 엄숙한 얼굴 표정과 선線 위주의 평면적인 법의 주름에서 다소 경직된 분위기가 느껴진다.[52] 그러나 등까지 내려온 갈래머리와 흘러내린 보관의 관증冠繒은 자연스러우면서도 유려하다. 반가사유상은 현존하는 삼국시대 금동상 중에서 가장 크며, 조형적인 면에서나 제작 기법 면에서 매우 수준이 높다. 반가사유상은 사산조 페르시아Sassanid Persia(224~651) 문화의 영향을 받은 보관 형식을 갖추고 있고, 그 문화적인 잔영이 가장 많이 남아 있는 곳이 경주라는 점에서 신라 작일 가능성이 높다.[53] 한편 반가사유상 주

상의 뒷면에 음각된 반가사유상이 있다. 이 상은 중국의 허베이성(河北省) 예청(鄴城) 베이우장(北吳莊)에서 출토되었다. 베이우장 출토상에 대해서는 다음을 참고하였다. 中國社會科學院考古研究所·河北省文物研究所 鄴城考古隊, 「河北鄴城遺址趙彭城北朝佛寺與北吳莊佛教造像埋葬坑的考古勘探與發掘」, 『考古』 2013-7, pp. 49~68; 蘇鉉淑, 「동위·북제 鄴城地域 불교문화의 新面貌-新出 北吳莊 造像을 중심으로 살펴본 '鄴城樣式'의 다양성-」, 『중국고중세사연구』 47(중국고중세사학회, 2018), pp. 125~155.).

52 왼쪽 정강이를 덮고 있는 법의 주름은 83호 반가사유상의 그것보다 훨씬 단순화되었다. 선 위주의 법의 표현은 충청남도 부여의 부소산성에서 출토된 석조보살반가사유상(86쪽)과 경상북도 경주의 송화산松花山에서 발견된 석조보살반가사유상(148쪽) 등 백제와 신라에서 모두 보이는 특징이다.

53 78호 반가사유상의 국적에 대해서는 고구려 설(姜友邦, 「金銅日月飾三山冠思惟像攷(上)-東魏樣式系列의 六世紀 高句麗·百濟·古新羅의 佛像彫刻樣式과 日本止利樣式의 新解析」, 『美術資料』 30(국립중앙박물관 미술부, 1982), pp. 1~36; 「金銅日月飾三山冠思惟像攷(下)-東魏樣式系列의 六世紀 高句麗·百濟·古新羅의 佛像彫刻樣式과 日本止利樣式의 新解析」, 『美術資料』 30(국립중앙박물관 미술부, 1982), pp. 1~21(『圓融과 調和』(서울: 悅話堂, 1990), pp. 55~100.).), 백제 설(大西修也, 「百濟半跏像の系譜について」, 『佛教藝術』 158(1985), pp. 53~69; 김리나, 「미륵반가사유상」, 『한국사시민강좌』 23(서울: 一潮閣, 1998), pp. 153~164; 정예경, 『반가사유상 연구』(서울: 혜안, 1999), p. 255; 김리나, 「국보 제78호 반가사유상에 보이는 백제적 요소」, 『한일국보반가사유상의 만남』(국립중앙박물관, 2016), pp. 60~63(金理那, 「國寶78号 半跏思惟像にみえる百濟の要素」, 『ほほえみの御佛-二つの半跏思惟像』(日韓半跏思惟像展示實行委員會·東京國立博物館, 2016), pp. 11~15.).), 신라 설(黃壽永, 「百濟 半跏思惟石像 小考」, 『韓國佛像의 研

78호 금동보살반가사유상, 신라 7세기 전반, 높이 82cm, 국립중앙박물관

1912년, 조선총독부에서 후치가미데이스케(淵上貞助)로부터 입수하여 1916년에 조선총독부박물관으로 이관하였다. 당시의 전언에 따르면, 출처는 경상북도 북부의 어느 사원(혹은 초암사草菴寺)이라고 한다. 반가사유상은 속이 비어 있으며, 주조할 때 바깥틀과 안틀을 고정하던 철심(형지)이 아직도 남아 있다. 대좌 밑바닥의 두 곳과 왼발 앞부분은 보수되었다. 머리 뒤쪽에는 광배 촉이 떨어져서 생긴 방형 구멍이 나 있다. 대좌 뒤쪽으로 흘러내린 천의 자락 중 일부는 2007년에 수리되었다.

금동보살머리, 신라 7세기 전반, 높이 8.3cm, 황룡사지 출토, 국립경주박물관
크기로 보아 원래 보살상의 높이는 대략 30cm로 추정된다.

조에 사용된 중공中空 방식은 7세기 이후에 삼국시대 불상에서 본격적으로 나
타나기 때문에 상의 조성 시기를 추정하는 데 참고가 된다.

　　78호 반가사유상의 국적에 대해서는 여전히 이견이 있지만, 83호 반가
사유상이 신라 작인 것은 거의 정설에 가깝다. 83호 반가사유상은 경주 황룡
사지 출토의 금동보살머리와 경주 단석산斷石山 신선사神仙寺 마애보살반가사
유상과 같이 신라의 반가사유상에서만 보이는 세 개의 반원半圓이 중첩된 형
태의 보관(일명 삼산관三山冠)을 쓰고 있다.[54] 금동보살머리는 오른쪽 턱 아래에

究』(서울: 三和出版社, 1973), p. 47; 金元龍, 「古代 韓國의 金銅佛」, 『韓國美術史硏究』(서
울: 一志社, 1989), pp. 137~140; 文明大, 「半跏思惟像의 圖像特徵과 名稱問題」, 『伽山李
智冠스님華甲記念論叢 韓國佛敎文化思想史』下, 1992, pp. 170~189.)이 있다. 고구려 설
에서는 구체적인 근거를 제시하지 않았으나, 백제 설에서는 보관의 꽃문양과 연주문 장
식, 허리 밑의 띠 장식, 연판蓮瓣의 세부 표현 등을 그 증거로 본다.

54　단석산 정상의 서남쪽에 위치한 신선사에 마애미륵불입상과 함께 새겨진 것으로, 안쪽
　　암벽의 가장 오른쪽 위에 반가사유상이 있고, 불상과 보살상들이 이 상을 향해 두 손을

단석산 신선사 마애보살반가사유상, 신라 7세기 중엽

손가락 자국이 남아 있어서 원래는 반가사유상의 머리라는 것을 알 수 있다. 보관 형식과 맑은 표정은 83호 반가사유상과 매우 닮았다.

　　83호 반가사유상의 법의 자락은 경상북도 봉화奉化에서 출토된 석조보살 반가사유상의 그것과 매우 유사하다. 7세기 후반에 조성된 석조보살반가사유 상은 하체만 남아 있지만, 압도적 크기와 역동적인 법의 자락에서 수준 높은 표현력을 엿볼 수 있다.[55] 허리에서 밖으로 접힌 법의 주름과 하체를 덮고 자 연스럽게 흘러내린 법의 자락에서는 입체감을 느낄 수 있다. 따로 만든 연화

내민 채 서 있다. 83호 반가사유상의 보관 형식과 관련해서는 다음을 참조하였다. 문명 대, 「국보 83호 삼산보관형 금동미륵반가사유상의 새로운 연구」, 『講座美術史』 55(한국 불교미술사학회, 2020), pp. 273~294.

55　석조보살반가사유상의 발견 경위에 대해서는 다음을 참고하였다. 黃壽永, 「奉化發見의 半跏思惟石像」, 『考古美術』 下卷(第1號–第100號 合輯, 한국미술사학회, 1979) 65(6권 12 호, 1966), pp. 146~148; 尹容鎭, 「奉化 半跏思惟石像址 發掘槪要」, 『考古美術』 下卷(第1 號–第100號 合輯, 한국미술사학회, 1979) 75(7권 10호, 1966), pp. 235~238.

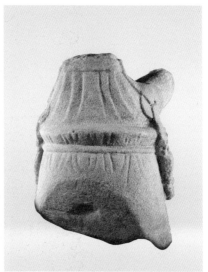

석조보살반가사유상, 신라 7세기 후반, 높이 170cm, 석조연화대좌 지름 75cm, 봉화 출토, 경북대학교박물관
(사진:김민규)

1965년, 봉화 북지리 마애불좌상에서 남쪽으로 약 1km 떨어진 구릉에서 발견되었다. 연화 족좌는 반가사유상이 발견된 지점에서 남쪽으로 약 200m 떨어진 곳에서 수습되었다. 반가사유상이 발견된 곳에서는 "大寺(대사)", "金堂瓦(금당와)", "天德三年勿也(천덕삼년물야)"가 새겨진 기와가 출토되었다.

족좌蓮華足座는 83호 반가사유상의 그것과 매우 유사하다.

한편 83호 반가사유상과 조형적으로 닮은 일본 고류지(廣隆寺)의 목조보살반가사유상[56]은 유메도노(夢殿)관음보살입상, 쿠다라(百濟)관음보살입상 등 비슷한 시기에 일본에서 조성된 목조상이 여러 개의 녹나무(남목楠木, 장목樟木, 구스노끼)로 짜 맞추어 완성한 것(기목조寄木造(요세기즈쿠리) 기법)과 달리 하나의 적송赤松을 깎아 만든 것(일목조一木造(이찌보꾸즈쿠리) 기법)이다. 83호 반가사유상과의 조형적인 유사성, 당시 일본에서 조성된 목조상과는 다른 불상재佛像材와 제작 기법에서 이 상을 신라의 진평왕眞平王이 623년에 왜에 보낸 우츠마사데라(太秦寺, 하타데라秦寺, 고류지의 전신前身)의 불상으로 보기도 한다.[57] 고류지 상이 신라에서 전래된 것이 맞다면, 조형적으로 매우 닮은 83호 반가사유상이 7세기 전반에 신라에서 제작된 것 임을 역으로 입증해 준다.

56　『일본서기日本書紀』와 『광륭사자재교체실록장廣隆寺資財交替實錄帳』(890년)에 의하면, 고류지 목조보살반가사유상은 원래 하타노가와가츠(秦河勝)가 쇼오토쿠(聖德) 태자로부터 하사받아 하치오카데라(蜂岡寺)에 봉안하였다고 한다. 이 상에 대해서는 다음을 참조하였다. 西村公朝, 「廣隆寺彌勒菩薩像の構造についての考察」, 『東京藝術大學美術學部紀要』 4(1968), pp. 109~136; 毛利久, 「廣隆寺寶冠彌勒佛と新羅樣式の流入」, 『白初洪淳昶博士還曆記念史學論叢』, 1977, pp. 89~101; 大西修也, 「對馬淨林寺の銅造半跏像について」, 『半跏思惟像の研究』(黃壽永·田村圓澄 編, 東京: 吉川弘文館, 1985), pp. 305~326; 林南壽, 『廣隆寺創立移轉-二軀の半跏思惟像の製作背景と安置場所-』, 早稻田大學大學院文學研究科 美術史學專攻 博士學位請求論文, 2001; 岩崎和子, 「廣隆寺彌勒は, 朝鮮渡來か」, 『寧樂美術の爭點』(東京: グラフ社, 1984), pp. 139~164; 岩崎和子, 「廣隆寺寶冠彌勒に關する二·三の考察」, 『半跏思惟像の研究』(東京: 吉川弘文館, 1985), pp. 197~227; 鄭恩雨, 「일본의 국보 1호인 廣隆寺의 木造半跏像은 한반도에서 건너간 것인가」, 『美術史論壇』 2(한국미술연구소, 1995), pp. 415~442.

57　『日本書紀』 권제22, 豐御食炊屋姬天皇 推古天皇 卅一年 秋七月(연민수·김은숙·이근우·정효운·나행주·서보경·박재용, 『역주 일본서기』 3, 동북아역사 자료총서124(서울: 동북아역사재단, 2013), p. 81 재인용.). 고류지와 목조보살반가사유상에 대해서는 다음을 참조하였다. 林南壽, 『廣隆寺史の研究』(東京: 中央公論美術出版, 2003).

목조보살반가사유상, 신라 7세기 전반, 높이 125cm,
일본 교토(京都) 고류지(廣隆寺)

83호 금동보살반가사유상, 신라 7세기 전반,
높이 93.5cm, 국립중앙박물관
1912년, 이왕가박물관李王家博物館에서 가지야마요시
히데(梶山義英)로부터 구입하였다. 원래 경주의 어느 사
원에 봉안되어 있었다는 설이 있다.

83호 반가사유상은 몸에 비해 머리가 약간 크고, 두 팔이 지나치게 가늘
고 긴 것을 제외하곤 완벽한 조형을 이루고 있다. 상체는 사유의 이미지와 어
울리게 아무것도 걸치지 않은 정적靜的인 모습이며, 하체는 상체와 대조적으
로 치마 자락이 다리의 굴곡을 따라 활달하게 처리되어 동적인 분위기이다.
반가사유상은 사유에 잠긴 듯한 표정, 가늘고 긴 눈과 눈썹, 유려하고 자연스
러운 오른손 손가락, 오른발 발목을 감고 있는 팽팽한 법의 주름, 잔뜩 힘이
들어간 오른발 엄지발가락에서 섬세한 표현력을 엿볼 수 있다. 둥글게 도안화
된 뒤쪽 머리카락과 엉덩이를 덮고 흘러내린 치마 주름은 좌우대칭을 이루고
있다. 대좌는 중앙아시아에서나 볼 수 있는 넝쿨나무로 엮어 만든 의자를 모

83호 금동보살반가사유상

델로 하였다.[58]

　신라에서 반가사유상이 유행한 것은 7세기 전반에 미륵의 현신現身으로 여겼던 화랑花郎과도 무관하지 않다.[59] 신라에서만 7세기 전반에 상당한 크기의 미륵보살반가사유상이 조성되는 것도 화랑의 사회적인 입지가 점점 부각되는 것과 관련될 가능성이 높다.

58　반가사유상의 대좌는 호상胡床으로, 방석이나 낮은 단壇의 중국식 대좌와는 구별된다.

59　『삼국유사』에는 화랑이 미륵의 화신化身으로 기록되어 있으며(『三國遺事』 권제3, 塔像 제4, [彌勒仙花未尸郎眞慈師].), 화랑도花郎徒의 세속오계世俗五戒를 만든 원광圓光(555~638)이 미륵 사상과 연관된다는 점에서도 화랑과 미륵의 관계를 유추할 수 있다(『三國遺事』 권제4, 義解 제5, [圓光西學];『續高僧傳』 권제13, 唐新羅國皇隆寺釋圓光傳, T. 50, No. 2060, pp. 523하~524중.). 화랑과 미륵이 밀접한 관계가 있다고 보는 견해에서는 『삼국사기』에 기록된 용화향도龍華香徒를 화랑의 무리로 보거나 경주 단석산 신선사神仙寺의 신선神仙을 원화原花, 즉 미륵선화彌勒仙花로 해석하기도 한다(田村圓澄, 「半跏思惟像과 聖德太子信仰」, 『韓日古代文化交流史研究』(洪淳昶·田村圓澄 編, 서울: 乙酉文化社, 1974), pp. 53~55.).

3. 경주 남산南山의 초기 불교 존상과 선관 수행

남산의 초기 선관 수행처

　　7세기 전반, 신라의 반가사유상이 승려들의 선관 수행의 대상으로 조성
되었다는 것은 앞에서 설명한 바 있다. 신라 승려들은 실제 중국 승려들과 같
이 왕경에서 떨어진 조용한 산속에 들어가 수행하기도 하였다. 신라 왕경 금
성金城(경주)의 서남쪽에 위치한 남산南山은 대표적인 곳으로, 산의 북쪽 동·서
면 계곡에는 이곳이 신라 승려들의 선관 수행처였다는 것을 알려 주는 불교

불곡 감실 전경

존상들이 지금도 남아 있다.[60] 사원에서 수행할 때 선관의 대상으로 삼았던 반가사유상과 달리, 중국의 석굴과 같이 민가의 개와 닭 소리가 들리지 않는 한적한 남산을 수행처로 삼았던 흔적이 곳곳에서 확인된다. 이는 신라 초기의 오악五岳 중 남악南岳으로서 신성시되던 남산이 불교 성지화聖地化되는 과정, 즉 신불神佛 교체의 초기적인 모습이기도 하다.

---

60 신라에서는 『대승기신론소기회본大乘起信論疏記會本』을 찬한 원효元曉(617~686) 이
전에도 선관 수행자가 있었으며(『三國遺事』 권제4, 義解 제5, [良志使錫].), 문무왕文武
王(661~681 재위) 때에는 미륵불과 아미타불을 함께 관觀하는 선관 수행이 나타나기도
한다(『三國遺事』 권제5, 感通 제7, [廣德嚴莊].). 7세기 전반, 신라 승려들의 선관 사상에
대해서는 다음을 참고하였다. 李永子, 「元曉의 止觀」, 『韓國天台思想의 展開』(서울: 民族
社, 1988), pp. 73~89.

남산 불곡佛谷의 감실龕室 속에 새겨진 승려상은 이 중 한 예이다. 역시 선관 수행과 관련되는 중국 서위西魏시대의 538년(혹은 539년)에 조성된 둔황 막고굴 285굴의 감실 속 승려상과 닮아서 주목된다. 덮어쓴 두건頭巾 아래 솟구쳐 올라 온 정수리는 존상이 상당한 수준의 경지에 오른 수행승의 모습 임을 알려 준다.[61] 승려상은 둥글고 입체적인 머리, 다소 평면적인 몸과 대좌를 갖추고 있는데, 머리를 살짝 숙여서 수행하고 있는 모습이다.

"불상이 있는 계곡", 즉 불곡이라는 이름에서 연상되듯이 승려상에 대해서는 지금도 불상으로 보는 견해가 있으나, 이 상이 선관 수행승이라는 것은 주변 계곡에 새겨진 여러 존의 승려상을 통해서도 입증된다. 즉 탑곡塔谷 마애존상[62] 중 바위 동면의 나무 사이에 앉아 있는 승려상과 남면에 새겨진 7세기 중엽의 감실 속 승려상, 불곡과 탑곡 사이에 위치한 월정사月靜寺 뒷산 바위

---

61 존상의 성격에 대해서는 승가대사상僧伽大師像(김창호, 「경주불상 2예에 대한 이설」, 『경주문화』 9(경주문화원, 2003), pp. 135~144.)이나 석가모니불의 가사袈裟를 미륵불에게 전하기 위해 계족산鷄足山의 석굴 속에서 미륵불을 기다리며 선정에 들어간 대가섭大迦葉으로 보기도 한다(Sunkyung Kim, "Awakened, Awaiting, or Meditating?: Readdressing a Silla Period Image from the Buddha Valley on Mount Nam," *Journal of Korea studies*, vol.16 no.1(2011), pp. 122~141.). 존상의 성격에 관한 또 다른 견해에 대해서는 다음을 참고하기 바란다. 文明大, 「慶州南山佛蹟의 變遷과 佛谷龕室佛像考」, 『新羅文化』 10·11(동국대학교 신라문화연구소, 1994), p. 27; 姜友邦, 「慶州南山論」, 『圓融과 調和』(서울: 悅話堂, 1990), p. 398; 곽동석, 「남산유적 불상고찰」, 『경주남산의 불교유적Ⅲ』(국립문화재연구소, 1998), p. 234; 양승은, 「경주 남산 불곡마애좌상의 도상 연구: 신라 성모신앙과의 관련성을 중심으로」, 『佛教美術史學』 23(불교미술사학회, 2017), pp. 68~78.

62 탑곡 마애존상에 대해서는 다음을 참조하였다. 文明大, 「新羅 四方佛의 起源과 神印寺(南山塔谷 磨崖佛)의 四方佛-新羅四方佛研究1」, 『韓國史研究』 18(한국사연구회, 1977), pp. 49~75; 조원영, 「신라 사방불의 형식과 조성배경」, 『역사와 세계』 30(효원사학회, 2006), pp. 381~421; 박준영, 「경주 남산 탑곡 마애조상군 연구」, 『佛教美術史學』 10(불교미술사학회, 2010), pp. 7~49. 탑곡 마애존상의 편년에 대해서는 여러 견해가 있지만, 7세기 중엽부터 8세기 후반까지 조성된 것으로 추정된다.

불곡 감실 승려상, 신라 7세기 중엽, 높이 115cm

승려상은 높이 150cm, 최대 너비 110cm, 깊이 90cm 크기의 감실 속에 돋을새김되어 있다.

둔황 막고굴 285굴 정벽 감실 속 승려상,
서위 538~539년

월정사 뒷산 바위면 승려상, 통일신라 7~8세기

면에 새겨진 통일신라시대의 전각 속의 승려상 등이 그 예이다.[63]

탑곡 마애존상은 지금까지 북면에 새겨진 황룡사 구층목탑을 연상하게 하는 구층탑과 칠층탑에 관심이 집중됨으로써 동면과 남면의 승려상은 크게 주목받지 못하였다. 그러나 다양한 모습의 승려상이 집중적으로 바위 면에 새겨진 것은 이곳에서만 볼 수 있는 특징이다. 이들 승려상은 중국 북조의 선관 수행과 연관되는 『부법장인연전付法藏因緣傳』의 "수행을 위해서는 깊은 산 속의 바위 틈, 계곡 사이, 나무 아래 등에서 좌선坐禪하여 찬바람도 견뎌내는 인내를 가져야 한다"는 내용을 연상시켜 준다.[64]

불곡과 가까운 장창곡長倉谷에서는 석실石室 속에서 승려가 관상觀像 했을 법한 석조미륵불의좌상石造彌勒佛倚坐像과 석조보살입상들이 출토되었다. 미륵상과 선관 수행과의 관계는 신라 승려들이 미륵보살반가사유상을 선관의 대

---

63 신라 승려들의 선관 수행과 미륵 사상과의 관련성에 대해서는 다음을 참고하였다. 배재호, 「경주 남산 長倉谷 출토 석조미륵불의좌상과 禪觀 수행」, 『美術史學硏究』 289(한국미술사학회, 2016), pp. 35~63.

64 『付法藏因緣傳』 권제2, T. 50, No. 2058, p. 304중:"…常著商那衣成就五支禪山巖空谷間坐禪而念定風寒諸勤苦悉能忍受之…".

탑곡 마애존상 전경, 신라 7세기 중엽~통일신라 8세기 후반, 바위 전체 높이 9m 전후(사진:김민규)

동면 마애승려상

남면 마애승려상

석조미륵불삼존상, 신라 7세기 중엽, 불상 높이 167cm,
보살상 높이 99~100cm, 장창곡 출토, 국립경주박물관

석조미륵불삼존상 출토 모습

1924년, 경주 남산의 장창곡 석실石室에서 발견되어 다음 해에 조선총독부박물관 경주분관(현 국립경주박물관)으로 옮겨졌다. 석조미륵불의좌상은 7세기 중엽 당의 불상이 아니라 6세기 후반의 북주나 수 불상의 조형적인 특징을 답습하고 있다. 수가 장안(시안)에 도읍하면서 신라의 유학승들은 대부분 이곳으로 유학하였고, 그들이 장안에서 보았던 불상들은 이전에 장안이 수도였던 북주의 불상이거나 그것을 계승한 수의 불상이었다. 당은 건국 초기부터 도교 우위의 정책을 시행함으로써 7세기 전반에 황실에서 발원한 불상은 거의 없었기 때문에 이 때 당에 유학한 신라 승려들이 친견할 수 있었던 불상은 기존에 장안에 있던 북주 불상이거나 그것을 답습한 수의 불상이 전부였다. 장창곡 출토 석조미륵불의좌상 등 남산 초기 불교 존상에 보이는 북주와 수 불상의 조형적인 특징은 중국의 이러한 불상 조성 분위기와 관련된다.

상으로 삼아 수행함으로써 궁극적으로는 도솔천兜率天에 태어나고, 그곳에서 미륵보살의 가르침을 받아 깨달음을 이루고자 한 것을 통하여 이미 알 수 있었다. 7세기 중엽에 조성된 장창곡 출토의 석조미륵불삼존상도 선관 수행이 유행하던 당시의 분위기로 미루어 보아 선관의 대상으로 만들어진 것으로 추정된다.

불상은 타원형에 가까운 방형 대좌 위에 앉아 두 발을 나란히 내려뜨리고 있다. 오른손은 들어 올려 엄지만 펴고 나머지 손가락은 오므린 상태에서 손바닥을 앞으로 내보이고 있으며, 왼손은 무릎 위에 둔 채 법의 자락을 잡고 있다. 5등신等身에 가까운 어린아이 같은 신체 비례, 맑고 명랑한 얼굴 표정, 낮고 편평한 육계, 도식적圖式的인 법의 주름 등은 기존의 신라 불상에서는 찾아볼 수 없는 새로운 특징이다. 석조미륵불삼존상에서는 조각한 뒤 부드럽고 포근한 분위기를 연출하기 위하여 표면을 다시 가는 등 진전된 제작 기법도

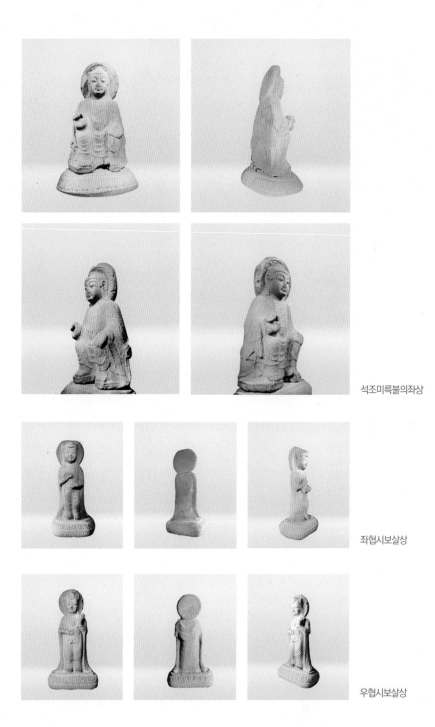

석조미륵불의좌상

좌협시보살상

우협시보살상

금동관음보살입상, 삼국시대 7세기 전반, 높이 20.3cm, 삼양동 출토, 국립중앙박물관
1968년, 국립중앙박물관에서 입수하였다. 보살상은 보관에 화불이 있어서 관음보살로 추정된다.
2단으로 걸쳐진 천의 자락은 단순하고 정돈된 모습이다.

엿볼 수 있다. 한편 협시보살상들은 손의 위치, 법의의 표현 방식, 장엄 등 세
부적으로는 차이가 있지만, 모두 몸에 비해 머리가 큰 편인 어린아이 같은 모
습을 하고 있다.[65] 보살상의 천의는 서울 성북구城北區 삼양동三陽洞에서 출토
된 금동보살입상과 같이 몸을 두 번 가로지르고 있다.[66]

　　불상은 두리새김(환조)으로 만든 우리나라 유일의 석조불의좌상石造佛倚坐

65　협시보살상들의 존명은 경전에서 그 근거를 찾을 수가 없다. 다만 전라남도 장흥長興 보
　　림사寶林寺 사천왕상四天王像의 복장腹藏 유물로 발견된 조선시대 1515년의 『염불작
　　법念佛作法』과 조선시대 1678년에 그려진 충청남도 청양青陽의 장곡사長谷寺 미륵괘
　　불화彌勒掛佛畵에서 대묘상大妙相보살과 법림法林(臨)보살이 미륵불의 협시보살로 기
　　록되어 있어서 존명을 추정하는데 참고가 된다.

66　黃壽永, 「서울出土 三陽洞 金銅觀音菩薩立像」, 『美術資料』 12(국립중앙박물관 미술부,
　　1968), pp. 1~3.

像이다. 존명은 정확하게 알 수 없으나 중국에서 이 좌세를 한 불상이 대부분 미륵불이기 때문에 이 상도 미륵불일 가능성이 높다.[67] 석조미륵불삼존상은 지금까지 일연의 『삼국유사』 [생의사 석미륵生義寺石彌勒]과[68] [경덕왕 충담사 표훈대덕景德王忠談師表訓大德][69]에 기록된 경주 남산 삼화령三花嶺의 미륵세존彌勒世尊에 비정되어 왔다.[70] 즉 석조미륵불삼존상은 선덕여왕善德女王 때인 644년에 승려 생의生義가 땅속에서 찾았던 미륵세존彌勒世尊이자, 미륵의 현신現身이던 세 명의 화랑, 즉 "삼화三花"와 관련되는 미륵상들로 여겨져 왔다.[71] 『삼국유사』의 삼화령 미륵세존이 석조미륵불삼존상인지에 대해서는 좀 더 면밀

---

67 남조 제齊의 483년명 석조미륵불좌상과 북제의 556년명 백옥불좌상白玉佛坐像 등 가부 좌한 예도 있지만, 중국의 미륵상은 대부분 반가좌, 교각좌, 의자좌 형식을 취하고 있다.

68 『三國遺事』 권제3, 塔像 제4, [生義寺石彌勒]: "善德王時釋生義常住道中寺夢中有僧人上南山而行令結草爲標至山之南洞謂曰我埋此處請師出安嶺上旣覺與友人尋所標至其洞掘地有石彌勒出置於三花嶺上善德王十三年甲辰歲創寺而居後名生義寺今訛言性義寺忠談師每歲重三重九烹茶獻供者是此尊也".

69 『三國遺事』 권제2, 紀異 제2, [景德王忠談師表訓大德]: "…僧曰忠談曰何所歸來僧曰僧每重三重九之日烹茶饗南山三花嶺彌勒世尊今玆旣獻而還矣…".

70 장창곡 출토 석조미륵불삼존상에 대해서는 다음을 참조하였다. 大坂金太郎, 『趣味の慶州』(慶州古蹟保存會, 1931); 小場恒吉, 『慶州南山の佛蹟』(朝鮮總督府, 1940), p. 10; 中吉功, 「新羅彫刻覺書」, 『朝鮮學報』 29(1963), pp. 100~134; 黃壽永 「新羅南山三花嶺彌勒世尊」, 『韓國佛像의 硏究』(서울: 三和出版社, 1973), pp. 229~265(「新羅南山三花嶺彌勒世尊」, 『金載元博士回甲紀念論叢』(서울: 乙酉文化社, 1969), pp. 907~944.); 鄭禮京, 「慶州 南山 三花嶺 出土 彌勒三尊像의 樣式」, 『新羅文化』 29(동국대학교 신라문화연구소, 2007), pp. 5~40; 문명대, 「돈황 410굴 수대 미륵삼존불의상(倚像)과 삼화령미륵삼존불의상의 연구-돈황석굴 불상의 특징과 그 교류-」, 『講座美術史』 42(한국불교미술사학회, 2014), pp. 121~139; 배재호, 「경주 남산 長倉谷 출토 석조미륵불의좌상과 禪觀 수행」, 『美術史學硏究』 289(한국미술사학회, 2016), pp. 35~63.

71 경주 단석산 신선사의 미륵석상의 명문과 『삼국유사』(권제3, 塔像 제4, [彌勒仙花未尸郎眞慈師].)의 기록에 근거하여 미륵을 미륵선화로, 미륵선화를 화랑으로, 김유신이 수련했다는 신선사를 미륵선화사로 보기도 한다. 黃壽永, 「彌勒信仰과 그 造像」, 『韓國의 佛像』(서울: 文藝出版社, 1989), p. 122.

선방사 석조불삼존입상, 신라 7세기 중엽, 불상 높이 275cm, 보살상 높이 236cm, 경주시 남산 배동(사진:김민규)

좌협시보살상

우협시보살상

한 검토가 필요하다. 남산의 북쪽 산기슭에는 장창곡, 불곡, 탑곡과 함께 미륵곡彌勒谷이 있는데, 이곳도 장창곡의 석조미륵불삼존상과 같이 미륵상과 관련되는 선관 수행처였을 것으로 추정된다.

남산이 7세기 중엽에 신라 승려들의 선관 수행처라는 것은 1926년경에 북서쪽 기슭의 선방사지禪房寺址에서 발견된 탑지塔誌에서도 확인된다. 탑지는 통일신라시대인 897년(건부乾符 6) 5월 15일에 선방사 탑의 보수 사실을 기록한 것이지만,[72] 이곳이 "선방禪房", 즉 참선하는 사원이었다는 것도 알려 준다.

선방사가 언제 창건되었는지는 구체적으로 알 수 없으나, 현재 이곳에는 7세기 중엽에 조성된 석조불삼존입상(일명 배동拜洞 삼체석불三體石佛)이 있다. 불삼존상은 정병淨瓶을 든 좌협시 보살상을 관음보살로 보아 주존을 아미타불상으로 추정하기도 한다.[73] 불상은 통견 방식으로 법의를 입고 있는데, 법의 주름이 U자 모양을 그리며 연속적으로 흘러내리고 있다. 불상은 머리카락을 나발螺髮로, 육계를 소발素髮로 표현한 독특한 모습이다. 이는 기존의 신라 불상에서는 찾아볼 수 없으나, 수의 585년명 석조아미타불입상에서도 보이는 특징이다. 우협시 보살상은 오른손으로 영락瓔珞 장식을 가볍게 쥐고 있으며, 왼손으로 연꽃 봉오리를 잡고 있다. 불상과 보살상들은 친근한 미소를 머금은

---

72 명문의 내용은 다음과 같다. "乾符六年己亥五月十五日禪房寺塔練治內記 佛舍利二十三 金一分惠重入銀十五分道如入節上和上忠心第二志萱大伯士釋林典道如唯乃志空". 탑지에 대해서는 다음을 참조하였다. 黑田幹一,「新羅時代の金銀に就いて」,『書物同好會册子』4(1938), pp. 415~424; 文明大,「禪房寺(拜里) 三尊石佛立像의 考察 」,『美術資料』23(국립중앙박물관 미술부, 1978), pp. 1~14; 박방룡,「신라 선방사탑지에 대한 천견」,『불교고고학』3(위덕대학교박물관, 2003), pp. 13~20; 許亨旭·李榮勳,「日帝强占期의 文化財 寫眞 資料 紹介」,『新羅文物研究』6·7(국립경주박물관, 2014), p. 97.

73 협시보살상 간의 조형적인 차이로 인해 원래 한 세트인지에 대한 논란이 없는 것도 아니다. 그러나 좌협시보살상도 비슷한 마모 상태를 지닌 분황사芬皇寺 모전석탑摸磚石塔의 금강역사상金剛力士像(634년경)과 조형적으로 유사하여 불상, 우협시보살상과 함께 7세기 중엽에 만들어졌음을 알 수 있다.

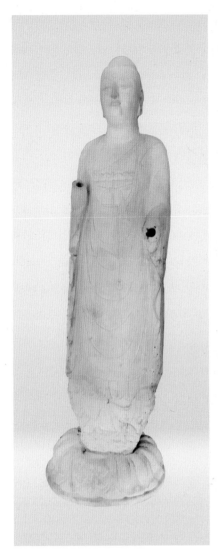

석조아미타불입상, 수 585년, 높이 5.78m,
원소재지 허베이성(河北省) 바오띵시(保定市)
숭광사崇光寺, 영국박물관

불상은 허베이성에서 반출되었다고 하며, 아미타불삼존
상의 주존이다. 파도 모양의 머리 카락과 달리 민머리 형
태의 육계를 가지고 있다. 선방사 불상의 머리 카락과 육
계의 독특한 표현 방식이 수의 불상과 연관될 가능성이
있음을 보여주는 상이다.

선방사 주존불상 부분

채 정면을 바라보고 있다.

장창곡 출토의 석조미륵불삼존상과 선방사의 석조불삼존입상 등 7세기 중엽의 남산 초기 불상들은 기존에 볼 수 없는 5등신의 신체 비례, 중량감이 느껴지는 조형미, 두리새김의 조각 기법을 갖추고 있다. 이러한 특징은 중국 불교(『삼국유사』에서는 "서학西學"으로 기록)를 배우기 위해 수와 당에 유학한 신라의 구법승들이 장안(시안)에서 친견했던 불상에서도 확인된다.

진평왕眞平王(579~632 재위) 때인 600년(혹은 601년)에 원광圓光(575/589 ~600/601 유학)이, 605년에 담육曇育(596~605 유학)과 안함安含(안홍安弘, 601~605 유학)이 수에서 각각 귀국하였고, 선덕여왕善德女王(632~647 재위) 때인 635년경에는 명랑법사明朗法師가[74], 643년에는 자장율사慈藏律師(636년경~643년 유학)가 각각 당에서 유학하고 돌아왔다.[75] 선덕여왕 때에 건립된 분황사芬皇寺(634년), 영묘사靈廟寺(635년), 황룡사 구층목탑(645년~646년)[76]은 모두 이들 구법승과

---

74 명랑은 632년(선덕여왕 원년)에 입당하여 4년 간 공부한 후 신라로 돌아와 신인종神印宗을 만들었다(『三國史記』 권제5, 新羅本紀 제5, 善德王 5년.).

75 명랑의 외삼촌인 자장은 불상, 경전, 당번幢幡, 화개華蓋를 가지고 643년에 돌아왔는데(『三國史記』 권제5, 新羅本紀 제5, 善德王 5년; 『三國遺事』 권제4, 義解 제5, [慈藏定律].), 그가 가져온 불상이 구체적으로 어떤 상인지에 대해서는 알 수가 없다. 자장의 입당入唐 시기에 대해서는 638년설([皇龍寺九層木塔刹柱本記](국립경주박물관, 『皇龍寺』, 2018, pp. 355~360.); 『續高僧傳』 권제24 唐新羅國大僧統釋慈藏傳五, T. 50, No. 2060, p. 639중.)과 636년설(『三國遺事』 권제3, 塔像 제4, [皇龍寺九層塔].)이 있다. 『삼국유사』에는 그가 산시성(山西省) 오대산五臺山의 성지聖地를 순례한 것으로 기록되어 있으나, 실제 그의 행적은 장안의 승광별원勝光別院, 흥복사興福寺, 장안 근교의 종남산終南山에서 확인된다.

76 황룡사 구층목탑은 자장이 스승인 당나라 원향圓香 선사의 교시에 따라 645년에 만들기 시작하여 646년에 완성하였다. 목탑 심초석心礎石의 사리공舍利孔에서 발견된 황룡사 구층목탑찰주본기皇龍寺九層木塔刹柱本記에 의하면, 공사 책임자(감군監君)는 용수龍樹이며, 백제 출신의 대장大匠 아비阿非의 주도 아래 소장小匠 200명이 탑 건립에 동원되었다고 한다(국립문화재연구원 문화유산연구지식포털(https://portal.nrich.go.kr): "…

석조불의좌상 부분, 북주 573년, 높이 90cm, 너비 39cm, 중국 깐수성(甘肅省)박물관

1972년, 깐수성 장자촨(張家川) 회족자치현回族自治縣 무허향(木河鄕)에서 발견되었다. 불삼존상, 공양자상, 사자상이 앞면에, 불의좌상이 뒷면에 표현되어 있다.

석조불입상, 북주 580년, 높이 56cm, 중국 상하이(上海)박물관

관련된다. 이 중 현존하는 분황사 모전석탑模塼石塔은 수와 당에서 유행한 전탑의 영향을 받아 벽돌 모양의 돌로 쌓아 만든 것이다.[77]

경주 남산의 초기 불상에 영향을 준 중국 장안의 불상은 당나라 때 조성된 것이 아니라 그 이전에 장안을 수도로 삼았던 북주와 수의 불상이었다.[78] 신라 승려들이 유학한 7세기 전반에 수와 당에서 불교계의 입지는 많이

監君伊干龍樹大匠(百)濟阿(非)等率小匠二百人造斯塔焉…".).

77 최치원崔致遠(857~?)이 찬술한 봉암사지증대사적조탑비鳳巖寺智證大師寂照塔碑의 "안탑雁塔이 구름처럼 벌려져 문득 빈 땅이 없고, 경포鯨枹가 우레같이 진동하여 제천諸天에서 멀지 않았다"는 기록은 장안의 대안탑大雁塔과 유사한 모전석탑(혹은 전탑)이 경주에 상당히 많이 산재하였음을 상상하게 해 준다.

78 기존의 연구에서는 신라가 북제·북주와 직접적으로 교류하면서 이러한 조형이 나타난 것으로 보았다. 姜友邦, 「仙桃山阿彌陀三尊大佛論」, 『美術資料』 21(국립중앙박물관 미술부, 1977), pp. 1~15(『圓融과 調和』(서울: 悅話堂, 1990), pp. 139~155.); 文明大, 「禪房寺(拜里) 三尊石佛立像의 考察」, 『美術資料』 23(국립중앙박물관 미술부, 1978), pp.

달랐다. 수의 문제文帝(581~604 재위)와 양제煬帝(604~618 재위)는 독실한 불교 신도로서 불상 조성과 수리에 심혈을 기울였다. 그러나 당의 황제들은 건국 초기부터 도교와 유교를 불교보다 우위에 두는 정책을 펼쳐 불교의 입지가 줄어들고 황실 발원의 불상도 거의 없었다.[79] 신라의 구법승들이 장안에서 봤던 불상들은 그곳에 전해 오던 북주 불상이거나 수나라 불상이 대부분이었다. 따라서 신라 승려들이 귀국할 때 가져오거나 그려왔을 법한 불상들도 당의 불상이 아니라 장안의 북주나 수의 불상이었다.

1~14; 崔聖銀, 「新羅彫刻의 對中交涉」, 『韓國美術의 對外交涉Ⅲ-新羅美術의 對外交涉-』, 제 6회 전국미술사학대회 발표요지, 1998, pp. 73~97; 金春實, 「7世紀 前半 新羅佛像 樣式의 전개와 특징」, 『美術資料』 67(국립중앙박물관 미술부, 2001), pp. 18~19. 한편 북제 지역에서 확인되는 머리가 크고 몸이 아담한 불교 존상은 북제가 북주에 귀속되던 577년 이후에 나타난다. 이와 관련해서는 다음을 참조하였다. 費泳, 『六朝佛敎造像對朝鮮半島及日本的影響』(北京: 中華書局, 2021), p. 427.

79 배진달(배재호), 『唐代佛敎彫刻』(서울: 一志社, 2003), pp. 18~21.

신라 불상의 또다른 예

인왕동 출토 석조불좌상

석조불좌상, 신라 7세기 전반, 전체 높이 112cm, 불상 높이 91.1cm, 인왕동仁旺洞 출토, 국립경주박물관
7세기 전반의 신라 불상에 보이는 새로운 형식. 즉 통견 방식으로 법의를 입고 가부좌를 한 채 시무외인과 여원인을 결한 모습을 하고 있다. 이 형식은 경상북도 봉화군奉化郡 북지리北枝里 마애불좌상과 충청북도 충주시 봉황리鳳凰里 마애불좌상으로 이어진다.

봉화 북지리 마애불좌상

봉화 북지리 마애불좌상, 7세기 후반 (신라 혹은 통일신라),
높이 4m 전후, 경상북도 봉화군 북지리

선산 출토 금동관음보살입상

금동관음보살입상. 신라 7세기 중엽, 높이 33cm, 국립대구박물관

1976년, 경상북도 선산군善山郡(현 구미시) 봉한동鳳漢洞에서 1존의 금동불입상과 2존의 금동관음보살입상이 출토되었다. 불상은 통일신라시대에, 보살상들은 신라 7세기 중엽에 조성된 것으로 추정된다. 이 보살상은 연꽃 봉오리를 들고 있으며, 등에 있는 광배 촉의 위치로 보아 원래는 거신광을 갖추고 있었음을 알 수 있다. 보살상은 늘씬하고 유려한 몸매를 지니고 있으며, 공간감을 느낄 수 있는 입체적인 조형과 섬세한 표현력을 보여 준다.

[비교 예] 금동관음보살입상, 높이 29.2cm, 영국박물관
보살상이 갖춘 조형미와 섬세한 표현은 선산 출토의 금동관음보살입상과 유사하다.

선산 출토 금동관음보살입상

금동관음보살입상, 신라 7세기 중엽, 높이 34cm, 국립대구박물관

보살상은 두 발을 살짝 벌려 곧게 선 채 오른손으로 영락 장식을 잡고 있다. 광배 촉이 머리 뒤쪽에 나 있어서 원래는 두광을 갖추고 있었음을 알 수 있다. 보살상은 미소를 머금은 얼굴, 비교적 두꺼운 목, 둥글고 넓은 어깨, 양감이 느껴지는 가슴, 가는 허리를 지니고 있다. 진주 장식 모양의 목걸이, 푸른색 보석이 감입된 팔찌, 세련된 영락 등이 몸 전체를 장엄하고 있다. 신체 비례와 조형적인 특징은 수의 580년경에 조성된 미국 보스턴미술관 소장의 석조보살입상과 유사하다. 7세기 중엽에 조성된 이 보살상이 7세기 전반 당의 보살상이 아니라 6세기 말 수의 보살상을 닮은 것은 당나라 초기엔 도교 정책으로 인하여 모델이 될 만한 보살상이 아직 조성되지 않았기 때문이다.

[비교 예]
석조관음보살입상, 수 580년경,
높이 2.49m, 미국 보스턴미술관

186

추정 신라 불교 존상

양평 출토 금동불입상

금동불입상, 신라 7세기 전반, 높이 30.3cm, 경기도 양평 출토, 국립중앙박물관
1976년, 국립중앙박물관에서 입수하였다.[80] 불상은 장방형의 머리, 두꺼운 목, 양감 있는 긴 타원형의 몸, U자 모양의 연속된 법의 주름 등 수나라 장안 불상의 특징을 갖추고 있다. 장안 불상이 7세기 전반에 신라 불상에 적지 않은 영향을 준 것으로 보아 이 불상 역시 신라 작일 가능성이 높다.

---

80 朱秀浣, 「陽平출토 金銅佛立像 연구―삼국시대 巨大佛像의 殘影들」, 『韓國古代史探究』 6(한국고대사탐구학회, 2010), pp. 155~199.

강원도 횡성 출토 금동불입상

금동불입상, 삼국시대 7세기 전반, 높이 29.7cm, 횡성 출토, 국립중앙박물관
불상의 오른쪽 어깨 뒤쪽에 장방형의 틀잡이 구멍이 뚫려 있다.

강원도 영월 출토 금동보살입상

금동보살입상, 삼국시대 7세기 전반, 높이 20cm, 국립
중앙박물관(사진:김세영)
강원도 영월군 북면 문곡2리에서 출토되었으며, 1981
년 국립중앙박물관에서 입수하였다.

4. 신불神佛 교체와 신라 오악의 불상

신라에 불교가 정착하는 과정에서 토착 신앙의 성지聖地에 사원을 건립하였는데, 이 중 일곱 개의 사원을 전불시대前佛時代의 칠처가람七處伽藍이라고 생각하였다.[81] 흥륜사興輪寺(금교金橋 동쪽 천경림天鏡林), 영흥사永興寺(삼천기三川岐), 황룡사皇龍寺(용궁龍宮의 남쪽), 분황사芬皇寺(용궁의 북쪽), 영묘사靈妙寺(사천沙川의 끝), 천왕사天王寺(신유림神遊林), 담엄사曇嚴寺(서청전婿請田)가 그곳이다. 토착신의 성지가 사원으로 바뀌는 신불 교체(혹은 신불 습합褶合)[82]의 모습은 신라 왕경인 금성(경주)의 오악五嶽에서도 확인된다.[83] 오악은 혁거세赫居世를 왕

---

81 『三國遺事』 권제3, 興法 제3, [阿道基羅]. 고구려의 아도我道는 어머니의 당부에 따라 신라에 불교를 전하였는데, 신라 왕경에는 전불시대의 칠처가람터가 있고, 앞으로 성왕聖王(전륜성왕)이 나와 불교를 일으킬 것이라는 이유 때문이었다. 칠처가람은 인간 세상에 이미 왔다 간 비바시불毘婆尸佛, 시기불尸棄佛, 비사부불毘舍浮佛, 구류손불拘留孫佛, 구나함모니불拘(具)那含牟尼佛, 가섭불迦葉佛, 석가모니불 등 과거칠불過去七佛이 설법했던 곳이다.

82 불교는 전래 과정에서 기존의 토착 산신 신앙과 갈등 관계에 놓인다. 이와 관련해서는 다음을 참조하였다. 최광식, 『한국고대의 토착신앙과 불교』(서울: 고려대학교출판부, 2007), p. 260.

83 신라 오악에 대해서는 다음을 참조하였다. 李基白, 「新羅 五岳의 成立과 그 意義」, 『震檀學報』 33(진단학회, 1972), pp. 5~23(『新羅政治社會史研究』(서울: 一潮閣, 1974), p. 207.); 文暻鉉, 「新羅人의 山岳 崇拜와 山神」, 『新羅文化祭學術發表會論文集』 12(동국대학교 신라문화연구소, 1991), pp. 15~36; 洪淳昶, 「新羅 三山·五嶽에 대하여」, 『新羅文化祭學術發表會論文集』 4(동국대학교 신라문화연구소, 1983), pp. 37~63; 주보돈, 「신라 狼山의 歷史性」, 『新羅文化』 44(동국대학교 신라문화연구소, 2014), pp. 1~27; 나희라, 「신라 초기 천신 신앙과 산악 숭배-종교문화의 측면에서 본 사회 통합과 지배체제의 정비-」, 『韓國古代史研究』 82(한국고대사학회, 2016), pp. 131~157. 한편 신라 고유의 삼산三山과 달

으로 추대한 6촌장村長이 하늘에서 내려왔다는 산으로[84], 중악 낭산狼山, 동악 토함산吐含山[85], 남악 함월산含月山(남산南山), 서악 선도산仙桃山[86], 북악 금강산 金剛山(금산金山)을 말한다.[87] 토착 신앙적인 성격의 오악이 불교화된 것은 선덕 여왕 때 자장慈藏에 의해 불교적인 오방五方 관념이 적용되면서부터이다.[88] 낭 산을 세계의 중심인 수미산須彌山이자 중악으로 설정하기 위해 도리천忉利天에 묻어 달라는 선덕여왕의 유언에 따라 낭산(수미산) 꼭대기(17쪽의 연화장세계도 참 조)에 왕릉을 조성하고, 문무왕 때인 679년에 낭산 기슭(수미산 중턱)에 사천왕 사四天王寺를 세웠다.[89]

리, 오악은 중국 제도의 영향을 받았다. 『신증동국여지승람』에 기록된 오악 중 중악中岳 을 제외하고 나머지 4악은 중국의 그것과 일치하기 때문이다(『新增東國輿地勝覽』권 21, 慶尙道 慶州府 山川.). 신라가 삼국을 통일한 후에는 오악이 다시 설정되는데, 중악 공산 公山, 동악 토함산, 남악 지리산智異山(옛 가야 영역), 서악 계룡산鷄龍山(옛 백제 영역), 북악 태백산太白山(옛 고구려 영역)이 그곳으로, 공간적으로 확대된 것을 알 수 있다.

84 신라에서는 6촌장이 다스리던 곳을 산으로 구분하였다. 6촌村에는 종교적인 의례를 행하 던 신성한 장소인 솟은 터(고허高墟), 큰 나무(대수大樹), 알천閼川 등이 있었다. 진평왕 때에도 천신天神에 대한 관념이 있었는데, 왕권의 상징인 옥대玉帶를 천신으로부터 받 았다는 기록이 이를 입증해 준다(『三國遺事』 권제1, 紀異 제1, [天賜玉帶].). 한편 신라 사 람들이 산신에 제사하는 것을 좋아한다는 중국 측의 기록도 확인된다(『舊唐書』 卷199上, 列傳 第149上, 東夷新羅: "…其風俗刑法衣服與高麗百濟略同而朝服尙白好祭山神…".).

85 토함산은 석탈해昔脫解의 능릉이 있어서 비공식적이지만 이전부터 악岳의 성격을 가졌 을 가능성이 높다. 악의 개념 속에는 "조종祖宗"의 뜻이 들어 있기 때문이다.

86 선도산은 중국 제실帝室의 딸이자 박혁거세朴赫居世와 알영閼英의 어머니인 선도성모 仙桃聖母와 관련된다. 그러나 선도성모와 박혁거세의 모자 관계는 고려시대에 각색된 것으로 보기도 한다(文暻鉉, 「新羅人의 山岳 崇拜와 山神」, 『新羅文化祭學術發表會論文 集』 12(동국대학교 신라문화연구소, 1991), p. 27.).

87 금강산은 『금강경金剛經』에서 유래된 것으로, 진흥왕 이후에 명명된 이름이다. 중고기 (514~654) 오악의 하나인 금강산은 삼국 통일 후에도 여전히 북악으로 인식되었다(『三 國遺事』 권제2, 紀異 제2, [處容歌望海寺].).

88 『三國遺事』 권제1, 紀異 제1, [善德王知幾三事].

89 이와 관련해서는 다음을 참조하였다. 김병곤, 「신라의 왕경 오악과 (소)금강산」, 『新羅文

경주 낭산의 선덕여왕릉과 사천왕사지

化』43(동국대학교 신라문화연구소, 2014), pp. 365~395. 김유신이 611년(진평왕 33)에 수련하기 위해 중악 석굴에 들어갔다는 기록(『三國史記』권제41, 列傳 제1, 金庾信 上)이 있어서 중악의 개념이 이미 이 때부터 있었던 것으로 추정되지만, 여기서 말하는 중악이 낭산인지에 대해서는 구체적으로 알 수가 없다. 낭산이 중악으로 부각되는 것은 선덕여왕릉이 축조된 7세기 중엽 이후이기 때문이다. 나·당 전쟁 중에 문무왕은 명랑법사明朗法師를 초청하여 낭산 남쪽의 신유림神遊林에 사천왕사를 가설하고『관정경灌頂經』의 문두루文豆婁 비밀법秘密法으로 당나라 병선兵船을 물리쳤다(『三國遺事』권제2, 紀異 제2, [文虎王法敏].). 신라의 호국 사원이던 황룡사가 아니라 새로 사천왕사를 건립한 것은 낭산이 신라의 중심이라는 인식을 당시에 가지고 있었기 때문이다. 한편 사천왕이 나라를 지켜준다는『금광명경金光明經』의 사상 속에서 문두루 비밀법의 밀교 의식을 설행한 것으로 보기도 한다(정병삼,『한국불교사』(서울: 푸른역사, 2020), p. 127, 154.).

오악에서의 신불 교체는 산신 의례를 지냈을 법한 거대한 바위에 불교 존상을 새기는 것이었는데, 7세기 중엽부터 8세기 전반에 걸쳐 이루어졌다. 남산(함월산) 탑곡의 마애존상, 선도산 정상의 마애불삼존상, 금강산(소금강산) 의 굴불사지掘佛寺址 석조사면불상 등이 이러한 예들이다. 문무왕 때 가장 늦 게 왕경 오악이 된 토함산은 삼국 통일 후 당례唐禮에 따라 신라의 강역관疆域 觀이 바뀌면서 8세기 중엽에 다시 동악으로 부각되었다.

서악 선도산과 북악 금강산은 신라 불교의 공인 과정에서 희생된 이차돈 異次頓의 사당과 무덤이 있던 곳으로서 중요한 신불 교체의 장소이다.[90] 선도 산 마애불삼존상과 직접 관련될 가능성은 적으나 선도산 안흥사安興寺의 법당 속에서 이루어진 신불 습합의 모습이 기록으로 남아 있다.[91] 즉 진평왕眞平王 때 안흥사의 비구니 지혜智惠가 새로 법당을 보수하려 하자 선도산의 신모神母 가 금金을 시주하면서 봄·가을로 점찰占察 법회를 열도록 권유하였는데, 지혜 는 법당의 주존인 삼상三像(불삼존상)을 화려하게 장엄하고, 벽면에 53불과 오 악 신군五岳神君을 그렸다고 한다.[92]

---

90 [異次頓殉敎碑]: "…淚送殯葬屍㷋山立廟西山…."(국립문화재연구원 문화유산연구지식 포털(https://portal.nrich.go.kr)).

91 『三國遺事』 권제5, 感通 제7, [仙桃聖母隨喜佛事]. 서술산西述山(혹은 서형산西兄山)의 신모神母가 곤륜산崑崙山 서왕모西王母의 천년반도千年盤桃를 뜻하는 선도 신모로 바 뀐 것을 도교화의 과정으로 보기도 한다.

92 도교의 남신男神인 오악 신군을 그렸다는 『삼국유사』의 기록은 각색된 것으로 추정된 다. 이야기의 시대적 배경이 되는 진평왕 때에는 오악의 산신이 아직 여신의 성격을 지 니고 있었기 때문이다. 한편 기록은 중고기(514~654)에 서악(선도산)이 이미 도교화의 과정을 거쳐 불교적인 성격으로 바뀌고 있음을 알려 준다. 선도산은 『신증동국여지승 람』에 "西岳", "西述", "西兄", "西鳶"등으로 기록되어 있다(『新增東國興地勝覽』권21, 慶 尙道 慶州府 山川: "在府西七里新羅號西嶽或稱西述或稱西兄或稱西鳶".).

선도산 마애불삼존상, 신라 7세기 후반, 불상 높이 6.85m, 좌협시보살상 높이 4.55m, 우협시보살상 높이 4.62m
석조관음보살입상은 세 부분으로, 석조대세지보살입상은 네 부분으로 각각 부서져 있었는데, 지금은 보수된 상태이다.

좌협시 관음보살상의 정병

우협시 대세지보살상 부분

　　선도산 마애불삼존상은 안산암安山巖의 바위 면에 돋을새김한 불입상과
화강암으로 두리새김한 협시보살상으로 구성되어 있다.[93] 불상의 대좌는 따

──────────

93　선도산 마애불삼존상에 대해서는 다음을 참조하였다. 秦弘燮, 「慶州西岳里 磨崖石佛의

로 만들어 결합하였으며, 협시보살상들은 발목까지 하나의 돌로 만든 다음, 연화대좌와 양 발이 표현된 凹 형태의 지지대 위에 끼워져 있다.[94] 불상은 윗 부분을 돋을새김으로, 아랫 부분을 얕은새김으로 표현되었다. 불삼존상은 좌 협시보살상이 화불이 표현된 보관을 쓰고, 왼손으로 정병을 쥔 관음보살이기 때문에 아미타불삼존상으로 추정된다.[95]

아미타불상은 통견 방식으로 법의를 입고 양 손을 가슴 앞까지 들어 올려 설법인을 결하였다. 왼손은 약지와 소지를 손바닥 가운데로 구부린 독특한 모습을 하고 있다. 불상은 방형에 가까운 둥근 얼굴에 오뚝한 코, 도드라진 콧 방울, 은근한 미소를 머금은 입을 가지고 있다. 또한 둥글고 넓은 어깨를 가진 장대한 몸과 간결한 법의 주름을 갖추었는데, 법의 주름은 가슴 앞에서부터 무릎까지 U자 모양을 그리며 흘러내리고 있다.

협시보살상들은 바위 면에 기대어 세울 수 있게 뒷면이 편평하게 처리되었는데, 머리 쪽이 다리 쪽보다 입체적이다. 보살상들은 목걸이와 몸에 두른 2

脇侍菩薩」, 『美術資料』 6(국립중앙박물관 미술부, 1962), pp. 15~18; 文明大, 「慶州 西岳 佛像-仙桃山 및 斗坌里 磨崖三尊佛에 대하여」, 『考古美術』 104(한국미술사학회, 1969), pp. 14~23; 姜友邦, 「仙桃山 阿彌陀三尊大佛論」, 『美術資料』 21(국립중앙박물관 미술부, 1977), pp. 1~15(『圓融과 調和』(서울: 悅話堂, 1990), pp. 139~155.); 최선아, 「신라 陵墓 의 추선 佛事 I : 서악동 고분군과 선도산 아미타삼존불입상」, 『新羅文化』 59(동국대학 교 신라문화연구소, 2021), pp. 357~390.

94 협시보살상에 보이는 독특한 제작 방식이 거대한 상을 쉽게 옮기기 위한 것이라고 보 기도 한다(姜友邦, 「仙桃山 阿彌陀三尊大佛論」, 『美術資料』 21(국립중앙박물관 미술부, 1977), p. 4.).

95 문무왕(661~681 재위) 때부터 아미타정토신앙이 본격적으로 유행하지만, 선덕여왕 때 자장이 『아미타경소阿彌陀經疏』를 찬술하고 태종무열왕 때 김양도金良圖가 서방정토 를 신앙했다는 기록은 7세기 중엽에 이미 아미타정토신앙이 있었음을 알려준다. 이와 관련해서는 다음을 참고하였다. 八百谷孝保, 「新羅社會と淨土教」, 『史潮』 7-4(1937), pp. 140~142; 李基白, 「三國時代 佛教受容과 그 社會的 意義」, 『歷史學報』 6(역사학회, 1954), p. 147; 金英美, 『新羅佛教思想史研究』(서울: 民族社, 1994), pp. 116~117.

단段의 천의는 같지만, 조형적인 분위기는 조금 다르다. 주존 불상에 비해 왜소한 크기의 협시보살상과 관음보살상에 보이는 보관 형식은 7세기 중엽에 조성된 장창곡 출토의 석조미륵불삼존상(172쪽)과 닮았다.

관음보살상은 방형에 가까운 둥근 얼굴에 부은 듯한 눈두덩, 지그시 감은 눈, 오뚝한 코, 은근하게 미소를 머금은 입, 양감 있는 뺨을 가지고 있다. 보살상은 목걸이와 팔찌를 착용하였으며, 오른손은 가슴 앞에 두고, 왼손은 내려서 정병을 잡고 있다. 정병은 어깨가 넓고 몸체 아랫 부분에 문양이 있는데, 이는 7세기 중엽부터 나타나는 특징으로 보살상의 조성 시기를 추정하는데 참고가 된다.

대세지보살상은 두 손을 가슴 앞에 모아 지물을 들고 있다. 보살상은 얼굴 표정과 신체 비례 등 조형적인 특징과 제작 방법이 관음보살상과 같다. 머리카락은 묶어 올려 보계寶髻 형식을 취하였는데, 세 가닥의 머리카락이 어깨까지 흘러내리고 있다. 이러한 형식의 보살상은 통일신라시대 초기의 보살상에서 많이 보이는 특징이다.

남악 남산의 탑곡 마애존상은 거대한 바위의 네 면에 새겨진 불교 존상들로 이루어져 있으며, 7세기 중엽부터 8세기 후반까지 조성된 것으로 추정된다. 동면에는 불삼존상, 6존의 비천상, 공양 자세의 승려상, 나무 사이에 앉아서 선관 수행 중인 승려상, 신장상이 새겨져 있다. 남면에는 두리새김의 석조보살입상, 평조平彫 기법으로 새겨진 불삼존상, 얕은새김 기법으로 만든 2존의 승려상이 있다. 서면에는 나무 아래의 불좌상이 있는데, 광배 위에는 비천상이 새겨져 있다. 북면에는 구층탑과 칠층탑이 평조 기법으로 새겨져 있으며, 탑 사이에는 불좌상이, 탑 아래에는 두 마리의 사자가 표현되어 있다. 이들 도상은 같은 바위 네 면에 걸쳐 새겨져 있지만, 동일한 배경 속에서 조성되었다는 어떠한 증거도 찾을 수가 없다. 심지어 같은 시기인 7세기 중엽에 조성된 북면과 동면의 도상마저도 연계성이 보이지 않는다. 결국 토속 신앙과

탑곡 마애존상, 신라 7세기 중엽~통일신라 8세기 후반,
북면, 구층탑 높이 4.9m, 칠층탑 높이 3.4m
(사진:김민규)

동면

남면

서면

관련된 성스러운 바위에 당시에 유행하던 불상, 불탑, 수행 승려상을 표현한 것으로 해석된다.

한편 오악 중 중악에 비정되기도 하는 단석산斷石山에는 산 정상 부근에 신선사神仙寺 마애존상이 있다. 마애존상은 미륵불입상[96]을 비롯한 10존의 존상으로 이루어져 있으며[97], 380자의 명문이 새겨져 있다.[98] 사원의 이름이 신선과 관련된다는 점에서 신불 교체의 장소 임을 추측할 수 있다. 일반적으로 마애존상은 화랑花郎 김유신金庾信(595~673)이 중악 석굴에서 수련했다는 기록과[99] 연계하여 7세기 초에 조성된 것으로 본다.[100] 하지만 명문에 당의 현장玄奘

---

96 마애불입상은 맞은 편 벽면에 새겨진 "彌勒"이라는 명문을 근거로 미륵불로 보는 것이 통설이다. 한편 마애존상 중에는 통견 방식으로 법의를 입은 존상 외에 신라에서 처음 나타나는 편단우견 방식으로 착의한 불입상도 확인된다. 편단우견식 불상에 대해서는 다음을 참조하였다. 김리나, 『한국의 불교조각』(서울: 사회평론아카데미, 2020), pp. 103~104.

97 선각線刻으로 표현된 마애존상 중에는 백제의 서산 용현리 마애불삼존상(101쪽)과 같이 불상을 중심으로 보살입상과 보살반가사유상이 협시하고 있는 구성도 있다. 불상의 착의법과 우협시보살상의 수인이 용현리 마애불삼존상과 다르긴 하지만, 편단우견 방식으로 법의를 착용한 불입상을 중심으로 보살반가사유상이 왼쪽에, 보살입상이 오른쪽에 각각 새겨져 있다.

98 명문은 20행行이며, 각행各行 19자로 이루어져 있다. 이 중 "仍於山巖下創造伽藍", "因靈虛名神仙寺", "作彌勒石像一區高三丈菩薩二區" 등의 내용은 이곳이 영험한 터에 세워진 신선사라는 것과 불상이 미륵상 임을 알려 준다.

99 『三國史記』 권제41, 列傳 제1, 金庾信 上

100 단석산 신선사 마애존상에 대해서는 다음을 참조하였다. 黃壽永, 「斷石山 神仙寺 石窟磨崖像」, 『韓國佛像의 硏究』(서울: 三和出版社, 1973), pp. 184~196; 黃壽永, 『韓國의 佛像』(서울: 文藝出版社, 1989), pp. 274~308; 姜友邦, 「햇골산磨崖像群과 斷石山磨崖佛群–編年과 圖像解釋 試論」, 『李基白先生古稀紀念 韓國史學論叢 上古代編·高麗時代編』(서울: 一潮閣, 1994), pp. 447~475; 辛鐘遠, 「斷石山神仙寺 造像銘記에 보이는 彌勒信仰 集團에 대하여 –신라 中古期 王妃族 岑喙部」, 『歷史學報』 143(역사학회, 1994), pp. 1~26; 金昌鎬, 「斷石山 神仙寺 磨崖造像에 대하여」, 『佛敎考古學』 1(불교고고학회, 2001), pp. 15~29; 金昌鎬, 「慶州 斷石山 神仙寺 磨崖佛像의 역사적 의미」, 『新羅史學報』 1(신라사

(602~664)이 645년 이후에 번역한 경전에서만 보이는 "만약 보주를 타고 피안에 오를 수 있다면(…若泛寶舟超登彼岸…)"이라는 내용이 있어서 마애존상이 7세기 초에 조성된 것이 아니라 7세기 중엽에 유행한 현장의 미륵 사상과 관련될 가능성이 매우 높다.[101] 그런데 7세기 중엽까지 조성된 대부분의 미륵불상은 경주 남산 장창곡에서 출토된 석조불의좌

단석산 신선사 전경, 신라 7세기 중엽

학회, 2004), pp. 159~173; 양은경, 「신라 단석산 마애불 – 공양주와 조성시기를 중심으로」, 『역사와 경계』 50(부산경남사학회, 2004), pp. 65~122; 고혜련, 「단석산 미륵삼존불 도상 재고」, 『新羅史學報』 29(신라사학회, 2013), pp. 411~440; 주수완, 「斷石山 神仙寺 磨崖佛의 圖像學的 再考 –삼국시대 授記三尊과 반가상 도상의 전개」, 『한국불교학』 80(한국불교학회, 2016), pp. 275~302.; 김영미, 「제3장 불교 신앙의 확대」, 『신라의 불교 수용과 확산』 신라 천년의 역사와 문화13(신라 천년의 역사와 문화 편찬위원회 편저, 경상북도문화재연구원, 2016), p. 297.

101 단석산 신선사의 바위 면에 새겨진 "…若泛寶舟超登彼岸…"이라는 명문은 『불조역대통재佛祖歷代通載』(권제11, T. 49, No. 2036, p. 572상:"…泛寶舟而登彼岸…"), 『대당고삼장현장법사행장일권大唐故三藏玄奘法師行狀一卷』(T. 50, No. 2052, p. 218상:"泛寶舟而登彼岸…"), 『대당대자은사삼장법사전大唐大慈恩寺三藏法師傳』(T. 50, No. 2053, p. 254하:"泛寶舟而登彼岸…"), 『속고승전續高僧傳』(권제4, 譯經篇, 京大慈恩寺釋玄奘傳一, T. 50, No. 2060, p. 455중:"…泛寶舟而登彼岸…"), 『사사문현장상표기寺沙門玄奘上表記』([太宗文皇帝報請作經序 勅書], T. 52, No. 2119, p. 818하:"…泛寶舟而登彼岸…"), 『광홍명집廣弘明集』(권제22, 勅答玄奘法師前表, T. 52, No. 2103, p. 258상:"…汎寶舟而登彼岸…") 등 현장이 귀국한 645년 이후에 번역된 경전에서 주로 확인된다. 만약 명문이 7세기 중엽 이후에 추각追刻되지 않았다면, 마애존상의 조성 시기는 기존의 7세기 초가 아니라 7세기 중엽 이후가 되어야 한다.

마애미륵불입상, 높이 8.2m

마애입상

마애입상

마애존상(불입상, 보살입상, 반가사유상),
높이 1.02~1.16m

마애공양자상

마애불입상

석조미륵불교각상, 북위 471년, 높이 87cm,
중국 시안 베이린(碑林)박물관

상과 같은 의좌식倚坐式의 불상이거나 중국 시안의 베이린(碑林)박물관에 전시된 471년명 석조미륵불상과 같은 교각좌交脚坐 형식을 취하고 있다. 불상이 당시에 유행하던 미륵불상의 형식을 따르지 않고 입상으로 조성된 이유에 대해서는 구체적으로 알 수가 없다. 신선사는 이곳에 조성된 미륵불상과 보살반가사유상이 승려들의 선관 수행의 대상이라는 점에서 신불 교체의 장소이자 선관 수행처라는 두 가지의 공간적 성격을 지녔다고 볼 수 있다.

신불 교체기에 조성된 오악의 불상들은 도상학적으로 특정한 경전과 관련될 가능성은 적으며, 당시 왕경 금성에서 유행하던 것을 바위 면에 표현한 것으로 보인다. 선도산 아미타불삼존상과 같이 도상적인 특징이 분명하게 드러나는 예도 있지만, 대부분의 경우 연계성이 부족한 다양한 도상이 어우러져 있기 때문이다. 오악의 불상은 산신 제사가 이루어지던 신성한 장소(바위)에 조성된 것으로서, 오악에서의 신불 교체의 과정을 보여 준다.

6 — 삼국시대 불상이 일본에 미친 영향

1. 삼국시대 불상의 일본 전래 기록

1. 고구려 불상의 전래 기록

　　일본의 아스카(飛鳥)시대(538/552~645)와 하쿠호(白鳳)시대(645/673~710)에 조성된 불교 존상 중에서 고구려와 직접적으로 관련되는 불상은 현존하지 않는다.[01] 그러나 562년에 야마토노쿠스시노오미(和藥使主)가 고구려와 백제에서 불상을 왜(倭)로 가져갔다는 기록과 565년에 쓰쿠시(筑紫)에 도착한 고구려 사람 두무리야폐(頭霧唎耶陛) 등이 야마시로노쿠니(山背國)에 정착하여 고려사(高麗寺)를 건립했다는 기록은 일본[02]으로 전래된 고구려 불상을 상상하게 한다. 또한 고구려 승려 혜자(慧慈)는 595년에 일본에 도착한 후 아스카데라(飛鳥寺, 호코지法興寺)를 건립하고 백제에서 온 혜총(惠總)과 함께 머물면서 당시 불교와 불

01　고구려 불상이 일본에 미친 영향에 대해서는 다음을 참조하였다. 久野健, 「高句麗 佛教と 飛鳥·白鳳佛」, 『古代の高句麗と日本』(東京: 學生社, 1988), pp. 139~187; 郭東錫, 「高句麗 彫刻의 對日交涉에 관한 硏究」, 『高句麗 美術의 對外交涉』(서울: 도서출판 藝耕, 1996), pp. 129~170. 한편 삼국시대 불상이 일본에 미친 영향에 대해서는 다음을 참고하기 바란다. 松原三郎, 「飛鳥白鳳佛と朝鮮三國期の佛像-飛鳥白鳳佛源流考として-」, 『美術史』 68(1968), pp. 144~163; 毛利久, 「三國彫刻と飛鳥彫刻」, 『百濟文化と飛鳥文化』(東京: 吉川弘文館, 1978), pp. 1~82; 秦弘燮, 「古代 韓國佛像樣式이 日本佛像樣式에 끼친 影響」, 『梨花史學硏究』 13·14(이화사학연구소, 1983), pp. 167~173; 金英愛, 「삼국시대 불교조각이 일본 아스카(飛鳥) 불교조각에 미친 영향」, 『文化財』 31(국립문화재연구소, 1998), pp. 61~86.

02　왜에서 일본으로 명칭이 바뀌기 시작한 것은 670년(咸亨 원년) 이후이다. 『唐書』권220, 列傳 제145, 東夷(『新唐書』20, 傳(北京: 中華書局, 1991), p. 6208.).

상 조성을 후원한 쇼오토쿠(聖德) 태자(?~622)의 스승이 된다. 지금까지 확인되는 자료에 의하면, 고구려가 국가와 왕실 차원에서 일본에 불상을 보낸 적은 없지만, 승려들의 왕래를 통하여 상당수의 고구려 불상이 전해졌던 것으로 추정된다.

2. 백제 불상의 전래 기록

아스카시대와 하쿠호시대에 백제 불상의 전래 기록은 상당수 확인된다. 이는 백제와 왜 사이에 인적·물적 교류가 활발하게 이루어졌기 때문이다. 실제 일본에 불교를 전한 나라도 백제였는데, 720년의 『일본서기』와 747년의 『원흥사가람연기병유기자재장元興寺伽藍緣起幷流記資材帳』(『원흥사연기』)에서 그 내용이 확인된다. 『일본서기』에는 552년(긴메이欽明 13)에 백제 성왕聖王(523~554 재위)이 금동석가불상 1존, 번개幡蓋, 약간의 경론經論을 보내온 내용이, 『원흥사연기』에는 538년에 백제로부터 태자상太子像, 관불기灌佛器, 『설불기권說佛起卷』 1협篋이 전래된 기록이 있다. 『설불기권』이 석가모니불의 일대기를 다룬 경전이기 때문에 태자상은 싯다르타 태자의 탄생 모습인 탄생불입상으로, 관불기는 탄생불의 관욕灌浴 행사에 쓰이는 그릇으로 추정된다. 또한 562년에 야마토노쿠스시노오미(和藥使主)가 고구려와 백제에서 불상을 가져왔고, 584년에는 카후카노오미(鹿深臣)가 백제에서 미륵석상彌勒石像을 가져왔으며, 같은 해에 사에키노무라지(佐伯連)가 불상 1존을 가져왔다고 한다. 사에키노무라지가 가져온 불상은 소가노우마코(蘇我馬子, 550?~626, 쇼오토쿠 태자의 진외종조부)가 세운 불당佛堂에 봉안되었다.[03]

---

03 백제 불상이 일본에 미친 영향에 대해서는 다음을 참조하였다. 松原三郎, 「飛鳥白鳳佛と

한편 일본 승려 각현覺賢이 집輯한『반구고사편람斑鳩古事便覽』에는 "이카루카데라(斑鳩寺)의 동어전東御殿에 삼수승지장존입상三殊勝地藏尊立像이 안치되어 있는데, 2척 5촌의 크기로, 577년(비다쓰敏達 6) 10월에 백제에서 보내 준 상이다"라는 기록이 있다. 이들 상에 대하여『칠대사순례사기七大寺巡礼私記』의「법륭사이계금당法隆寺二階金堂」편에는 "본존인 미륵과 지장, 십일면(관음보살)은 혹은 상궁上宮에서 제작한 것이라고 하고 혹은 백제에서 바친 상이라고 한다"는 내용이 있다.[04] 이들 기록은 백제에서 지장보살상이 조성되고, 그것이 일본으로 전해졌을 가능성을 추측하게 한다.[05]

588년에 조성이 시작된 아스카데라는 577년(비다쓰 6)에 백제에서 보낸 조불공造佛工과 조사공造寺工, 588년에 소가노우마코의 요청에 의해 백제에서 온 승려와 공장工匠(장인), 이들이 가져온 금당金堂 모형 등과 관련될 가능성이 높다. 593년에 탑의 찰주刹柱를 세우고 초석에 불사리佛舍利를 봉안할 때, 소가노우마코가 백제 복식을 착용하고 참석하였으며, 596년에 사원이 완공된 후 백제 승려인 혜총惠總이 이곳에 주석한 것은 아스카데라가 백제와 친연성이 있었음을 알려 준다. 사원은 일탑삼금당식一塔三金堂式의 가람 배치를 갖추고 있는데,[06] 이는 부여의 군수리 사지에서도 확인된다.

朝鮮三國期の佛像-飛鳥白鳳佛源流考として-」,『美術史』68(1968), pp. 144~163; 金理那,「百濟彫刻과 日本彫刻」,『百濟의 彫刻과 美術』(공주대학교박물관·충청남도, 1992), pp. 129~169; 文明大,「百濟 佛像彫刻의 對日交涉 -百濟佛像의 日本傳播-」,『韓國美術의 對外交涉Ⅱ-百濟-』(한국미술사학회, 1996), pp. 69~90; 郭東錫,「百濟 泗沘期 佛像의 特徵과 日本 飛鳥彫刻과의 關係」,『百濟 泗沘時期 文化의 再照明』(국립부여문화재연구소, 2006), pp. 243~274; 林南壽,「일본불교미술의 성립과 백제」,『백제가람에 담긴 불교문화』(국립부여박물관·불교중앙박물관, 2009), pp. 220~229.

04 眞鍋廣濟,『地藏尊の研究』(東京: 三密堂, 1941), p. 46 재인용.

05 문상련(정각),「지장신앙의 전개와 신앙의례」,『정토학연구(淨土學研究)』15(한국정토학회, 2011), pp. 140~141 재인용.

06 일탑삼금당식 가람 배치는 평양의 상오리上吾里 사지나 498년에 건립된 금강사金剛寺

기록 상, 일본 최초의 불상인 아스카데라의 대불大佛(일명 아스카 대불)은 백제 유민인 도리(止利) 불사佛師에 의해 609년(혹은 606년)에 완성된 것이다. 활짝 뜬 눈은 백제의 용현리 마애불삼존상(일명 서산마애삼존불, 101쪽)의 주존 불상과 닮았다. 588년에 사원이 창건된 후 약 20년 만에 불상 조성이 이루어졌는데, 대불 조성 전에 아스카데라에 봉안되었던 불상은 아스카데라 동금당東金堂의 미륵석상으로 추정된다. 11세기 전반에 찬술된 『태자전고금목록초太子傳古今目錄招』에 의하면, 이 불상은 584년에 사에키노무라지가 백제에서 가져와 소가노우마코의 개인적인 불당佛堂에 봉안되다가 아스카데라로 이안된 것으로서, 이후 다른 사원에 매각되었다고 한다.

아스카 대불, 아스카시대 609년, 높이 2.75m,
나라(奈良) 안거원安居院(사진:김세영)

로 추정되는 청암리淸岩里 사지 등 고구려 사원에서 주로 확인되지만, 아스카데라의 탑은 이들 사원의 팔각탑八角塔과 달리 방형탑이라는 점에서 차이가 있다.

현재 아스카데라의 안거원安居院에 있는 아스카 대불은 1196년에 화재로 인해 훼손되어 보수된 것으로서, 얼굴 윗 부분과 오른손 일부 만이 조성 당시의 것이다. 석조 대좌는 제작 당시의 것이며, 양옆에는 촉을 끼우던 구멍이 남아 있어서 원래는 협시상을 갖춘 불삼존상이었던 것으로 추정된다. 이 불상과 관련되는 기록으로는 605년에 스이코(推古)천황이 쿠라츠쿠리노도리(鞍作止利)에게 명하여 606년에 불상을 완성하였다는 『일본서기』의 내용과 609년에 동銅·수繡 석가장육상釋迦丈六像 2존과 협시상을 만들었다는 대불 광배의 명문(『원흥사연기』에도 인용됨)이 있다. 아스카 대불은 605년에 스이코천황이 발원하고 도리 불사가 수차례에 걸쳐 시도한 결과 609년에 완성되었다는 것이 통설이다. 한편 639년에 천황의 씨사氏寺로 시작한 나라(奈良)의 쿠다라다이지(百濟大寺, 하쿠사이지百濟寺)는 그 이름에서부터 백제 관련 불상이 봉안되어 있었을 가능성을 추측하게 한다. 이 사원은 헤이죠쿄(平城京)으로 옮긴 후 다이안지(大安寺)로 명명된다.[07]

3. 신라 불상의 전래 기록

신라 불상이 일본에 미친 영향은 백제 불상에 비해 미미하였다.[08] 『일본

---

07 다이안지(大安寺)에서는 조대안사사造大安寺司를 만들어 불상 조성을 주도하였는데, 718년에 일본으로 건너간 도자道慈가 책임을 맡았다. 교키(行基, 668~749)가 세 번이나 이곳을 방문하였고, 신쇼(審祥, ?~742)가 729년에 주지住持를 맡았던 점에서 이 사원이 삼국에서 건너간 사람들과 밀접한 관련이 있음을 추측할 수 있다.

08 신라 불상이 일본에 미친 영향에 대해서는 다음을 참조하였다. 黃壽永, 「新羅의 佛像과 日本」, 『新羅文化祭學術發表會論文集』 3(동국대학교 신라문화연구소, 1982), pp. 9~17; 姜友邦, 「新羅의 佛教彫刻이 日本에 끼친 影響」, 『新羅文化祭學術發表會論文集』 3(동국대학교 신라문화연구소, 1982), pp. 19~28.

서기』에 의하면, 623년에 신라에서 왜로 불상을 보냈는데,[09] 불상은 교토(京都) 근처의 가츠노(葛野)에 있는 우츠마사데라(太秦寺, 하타데라秦寺)에 봉안하고, 함께 보낸 장엄구는 시덴노지(四天王寺)에 두었다고 한다. 우츠마사데라는 신라계 출신인 하타씨(秦氏)의 씨사氏寺로, 이후 하치오카데라(蜂岡寺)와 합쳐져 고류지(廣隆寺)가 된다.[10] 현재 고류지에는 우리나라 83호 반가사유상과 조형적으로 닮은 목조보살반가사유상이 봉안되어 있다.

한편『일본서기』에 의하면, 632년(죠메이舒明 4) 8월에 당에 유학한 영운靈雲, 승민僧旻, 승조양勝鳥養이 신라 사신을 따라 귀국하고, 639년(죠메이 11) 9월에는 혜은惠隱과 혜운惠雲이 역시 신라 사신을 따라 귀국한 것으로 보아[11] 7세기 전반에 신라와 일본이 활발하게 교류하였음을 알 수 있다. 이 외에 640년(죠메이 12)에 당에 유학한 일본 승려 청안淸安이 신라를 경유하여 돌아왔고, 지종智宗이 654년(하쿠치白雉 5)에 당에서 귀국할 때 신라 배를 이용했다는 기록[12]이 있어서 신라 문화가 지속적으로 일본에 전해졌던 것으로 추정된다.

---

09   『日本書紀』권제22, 豊御食炊屋姬天皇 推古天皇 卅一年 秋七月(연민수·김은숙·이근우·정효운·나행주·서보경·박재용,『역주 일본서기』3, 동북아역사 자료총서124(서울: 동북아역사재단, 2013), p. 81 재인용.).

10   이와 관련해서는 다음을 참조하였다. 毛利久,「白鳳彫刻의 新羅的要素」,『韓日古代文化交涉史研究』(洪淳昶田村圓澄 編, 서울: 乙酉文化社, 1974), pp. 145~160; 林南壽,『廣隆寺史の研究』(東京: 中央公論美術出版, 2003).

11   『日本書紀』권제23, 息長足日廣額天皇 舒明天皇 十一年 秋九月(연민수·김은숙·이근우·정효운·나행주·서보경·박재용,『역주 일본서기』3, 동북아역사 자료총서124(서울: 동북아역사재단, 2013), p. 122 재인용.)

12   『日本書紀』권제25, 天萬豊日天皇 孝德天皇 白雉 五年 二月(연민수·김은숙·이근우·정효운·나행주·서보경·박재용,『역주 일본서기』3, 동북아역사 자료총서124(서울: 동북아역사재단, 2013), p. 252 재인용.).

2. 일본에 있는 삼국시대 관련 불상

1. 호류지(法隆寺) 헌납보물 48체體 금동불교존상

　　도쿄(東京)국립박물관에 전시된 48존의 금동불교존상 중에는 우리나라에서 조성된 후 일본에 전해진 것으로 추정되는 존상과 일본에 건너간 삼국의 유민들이 조성한 것으로 추정되는 존상이 포함되어 있다. 48존의 금동불교존상은 모두 50센티미터 이하의 크기로, 메이지(明治)시대(1867~1912) 때 호류지에서 일본 황실에 헌납한 보물의 일부(제143호~제190호)이다.[13] 원래 이들 존상은 호류지의 말사末寺이자 쇼오토쿠 태자가 건립한 아스카의 타치바나데라(橘寺)가 헤이안(平安)시대(794~1185)에 쇠퇴하면서 호류지로 이안된 49존의 금동불상과 관련된다. 호류지의 기록에 따르면, 당시 금당에는 타치바나데라의 49존 불상을 포함한 141존의 금동불상이 봉안되어 있었다고 한다. 이들 불상은 헤이안시대 이후 흩어지면서 지금의 52존이 되었다. 결국 호류지 헌납보물인 48존의 금동불교존상은 타치바나데라의 것과 다른 불교 존상이 혼재된 것이다. 금동불교존상은 대부분 하쿠호시대인 7세기 후반에 조성되었다. 존상의 크기와 일부 불상의 명문에서 알 수 있듯이 개인적인 염지불念持佛(소지불

13　호류지 헌납보물 제143호 금동불삼존상과 백제 불상과의 관계에 대해서는 다음을 참조하였다. 郭東錫, 「法隆寺 獻納寶物 143호 金銅一光三尊佛考-百濟彫刻과의 比較를 중심으로」, 『講座美術史』 16(한국불교미술사학회, 2001), pp. 89~109.

호류지 헌납보물 제158호 금동보살반가사유상,
7세기 전반(아스카시대 혹은 삼국시대), 높이 20.4cm,
도쿄국립박물관
눈동자, 콧수염, 턱수염은 먹으로 그려져 있다. 삼국시
대 금동불상과 같이 주조할 때 발생하는 기포氣泡가 몸
전체에서 확인된다.

호류지 헌납보물 제151호 금동불입상,
7세기 전반(아스카시대 혹은 삼국시대), 높이 33.5cm,
도쿄국립박물관
불상 뒷면에 세로로 나 있는 3개의 틀잡이 구멍과 주
조 때 발생하는 기포가 많은 점을 근거로 삼국시대 불
상으로 보기도 한다.

호류지 헌납보물 제143호 금동불삼존상,
6세기말 7세기초(아스카시대 혹은 백제),
전체 높이 60.3cm, 불상 높이 28.1cm, 도쿄국립박물관
주존 불상의 법의 형식이 가탑리 출토의 금동불입상
(87쪽)과 유사하고, 광배 문양이 서산 용현리 마애불삼
존상(101쪽)과 닮아서 백제에서 전래된 것으로 보기도
한다. 과학적인 분석 결과, 불상, 광배, 보살상은 동銅
의 함유량이 각각 다르다는 것이 밝혀졌고, 협시보살
상을 고정하기 위해 뚫은 광배 구멍의 위치가 어색하
여 원래는 한 세트가 아님을 알 수 있다.

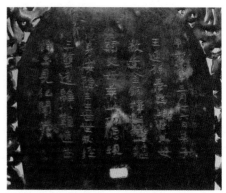

호류지 헌납보물 제196호 갑인년왕연손명 금동광배,   광배 뒷면 명문
백제 594년, 높이 31cm, 너비 17.8cm, 도쿄국립박물관

所持佛, 호지불護持佛)로 가지고 있다가 그들이 죽은 후에 사원에 기증한 것이다. 685년(덴무天武 14)에 제국諸國의 집집마다 불사佛寺를 만들고 불상과 경전을 안치하여 예불하라는 『일본서기』의 기록은 이러한 염지불 조성을 부추겼을 것으로 추정된다. 금동불교존상들은 염지불이 황실 사람과 유력한 호족을 중심으로 조성되던 아스카시대와 달리, 발원자가 지방 호족까지 확대된 하쿠호시대의 분위기를 반영하고 있다. 보살상은 독존상도 있으나 불삼존상의 협시상이 대부분이다.

　　호류지 헌납보물 제196호인 갑인년왕연손명甲寅年王延孫銘 금동광배는 뒷면에 갑인년(594년)에 왕연손王延孫이 현세 부모를 위하여 금동석가상을 만든다는 명문이 새겨져 있다.[14] 광배의 섬세하고 정교한 화염문과 그 사이의

14　명문의 내용은 다음과 같다. "갑인년 3월 26일, (석가모니불의) 제자 왕연손은 현재 부

비천과 7존의 화불은 매우 설명적으로 표현되어 있는데, 호류지 금당의 금동석가모니불삼존상(623년)의 광배 장엄(216쪽)과 닮아서 주목된다. 발원자가 왕씨라는 점에서 중국 제작설이 제기된 적도 있지만, 광배 양식에 주목하여 고구려 작[15] 혹은 백제 작으로 보는 것이 통설이다.[16] 다만 삼국시대 불상에서는 익숙하지 않은 용어가 섞여 있어서 명문이 추각되었을 가능성도 없지 않다. 즉 동에 도금했다는 뜻의 "금동金銅"과 현세現世를 의미하는 "현재現在"는 지금까지 발견된 삼국시대 불상의 명문에서는 찾아볼 수가 없다.

2. 호류지(法隆寺) 금당의 금동석가모니불삼존상

아스카시대의 대표적인 불상 장인은 백제계 유민인 도리(止利) 가문이다. 쿠라츠쿠리노도리(鞍作止利), 그의 딸 젠신노아마(善信尼)와 아들 쿠라츠쿠리(쿠

모님을 받들기 위하여 금동석가상 1구를 삼가 조성합니다. 원하건대 부모님은 이 공덕으로 인해 지금의 몸은 안은하고 (돌아가신 후에는) 태어나는 세상마다 삼악도를 거치지 않고 팔난을 멀리하여 속히 정토에 태어나 석가모니불을 만나 가르침을 받기를 원합니다(甲寅年三月廿六日弟子王延孫奉爲現在父母敬造金銅釋迦像一軀願父母乘此功德現身安穩生世世不經三塗遠離八難速生淨土見佛聞法)". 광배 명문에 대해서는 다음을 참조하였다. 金昌鎬, 「甲寅年銘 釋迦像光背銘文의 諸問題-6세기 佛像造像記의 검토와 함께」, 『美術資料』 53(국립중앙박물관 미술부, 1994), pp. 20~40.

15 熊谷宣夫, 「甲寅銘王延孫造光背考」, 『美術硏究』 209(1960), pp. 1~19.

16 백제 전래설은 일본에 한문을 전한 백제의 왕인王仁 박사를 의식하거나(吉村怜, 「法隆寺獻納御物王延孫光背考」, 『佛敎藝術』 190(1990), pp. 11~24.) 불탑佛塔·천인天人 등 광배의 장엄 요소와 명문 구성이 남조의 영향을 받은 백제적인 특징을 갖추고 있다는 것에 근거한다(蘇鉉淑, 「法隆寺 獻納寶物 甲寅銘金銅光背 硏究」, 『韓國古代史硏究』 54(한국고대사학회, 2009), pp. 503~549; 소현숙, 「법륭사헌납보물(法隆寺獻納寶物) 갑인명금동광배(甲寅銘金銅光背) 명문(銘文) 연구」, 『百濟文化』 44(공주대학교 백제문화연구소, 2011), pp. 111~138.).

금동석가모니불삼존상, 아스카시대 623년,
불상 높이 87.5cm, 호류지 금당

광배 명문

라베)노타스나(鞍部多須奈), 그의 손자 도리(止利) 등 3대에 걸친 불상 장인이 기록에서 확인될 만큼 아스카시대의 불상 조성을 주도하였다.[17] 쿠라츠쿠리노타스나는 『부상약기扶桑略記』에서 "百濟 工鞍部 多須奈(백제 공안부 다수나)"로 기록하고 있으며, 일본 최초의 비구니이기도 한 젠신노아마는 588년에 백제 사신을 따라 백제에 와서 불교를 배우고 590년에 귀국하였다. 이들 기록은 도리 가문이 백제와 얼마나 친연성을 가지고 있는지를 잘 보여 준다.

---

17 巖佐光晴, 「止利佛師に關する硏究史をめぐって」, 『美學美術史論集』 20(2013), pp. 305~376.

호류지 금당의 금동석가모니불삼존상은 광배의 명문을 통하여 622년(스이코推古 30) 정월에 발원하여 623년 3월에 도리가 완성한 것을 알 수 있다. 아스카 대불(609년)이 조성된 지 14년 후로, 이 불상에 이르러 도리 양식이 정립된다. 광배 뒷면에 새겨진 명문에는 도리가 쇼오토쿠 태자의 등신상等身像으로서 석가여래상을 제작한다는 내용이 있으나, 실제 태자의 초상을 반영하였는지는 알 수가 없다. 금동석가모니불삼존상은 도리에 의해 백제 불상의 전통이 일본에서 계승되고 있음을 보여준다.

3. 호류지 백제관음당百濟觀音堂의 쿠다라(百濟)관음보살입상

호류지의 쿠다라관음보살입상은 유메도노(夢殿)관음보살입상과 함께 아스카시대를 대표하는 목조관음보살상이다.[18] 명칭 자체가 백제를 연상시키지만, 보살상에서는 지금까지 백제와의 관련성을 알려주는 어떠한 기록도 확인된 바가 없다. 사실 이 상이 "백제관음"으로 불린 것은 20세기 초로, 그 이전에는 허공장虛空藏보살로 명명되었다고 한다. 근대에 들어와 잃었던 보관을 우연히 찾게 되면서 관음보살상 임이 확인되었고, 이후 "백제관음"으로 소개되기 시작하였다. 보살상에 관한 기록은 에도(江戶)시대 이전에는 보이지 않으며, 원래 다른 사원에서 호류지로 이안된 것으로 추정된다. 보살상은 천축天竺(인도)에서 만든 후 백제를 통하여 일본으로 전해졌다는 1698년의 기록과 아스카시대 불상의 계보에서는 찾아볼 수 없는 독특한 조형으로 인하여 외래의 영

---

18 유메도노관음보살입상이 쿠다라관음보살입상보다 약간 앞서 조성된 것으로 보는 것이 통설이다. 이들 관음보살상에 대해서는 다음을 참조하였다. 浜田耕作, 『百濟觀音』(東京: イテア書院, 1926); 久野健辻本榮三郎, 『法隆寺 夢殿觀音と百濟觀音』 奈良の寺 5(東京: 岩波書店, 1973); 東京國立博物館, 『特別展 百濟觀音』, 1988.

쿠다라관음보살입상,
아스카시대 7세기 중엽, 높이 2.09m,
호류지 대보장원大寶藏院 백제관음당百濟觀音堂

호류지 쿠다라관음보살입상, 1930년경 복제,
영국박물관

향을 받아 조성된 것으로 보는 것이 통설이다. 보살상은 일본 목조불상의 주
재료인 녹나무(남목楠木, 장목樟木, 구스노끼)로 제작되었다. 그러나 미소를 머금
은 온화한 얼굴 표정, 우아하고 늘씬한 몸, 자연스러운 자태가 7세기의 백제
관음보살상과 닮아서 백제와 관련될 가능성이 높다.

4. 호류지 유메도노(夢殿)관음보살입상

가장 일본적인 보살상으로 평가되지만, 유메도노관음보살입상은 조형적

인 면에서 백제와 밀접한 관련이 있다. 보살상
은 호류지 금당의 금동석가모니불삼존상과 같
이 쇼오토쿠 태자의 등신상이라고도 하며, 구
세관음救世觀音이라고도 한다. 정면관의 조형,
좌우대칭적인 구도, 생경하고 엄숙한 얼굴 표
정, 각 진 조각 기법 등에서 도리의 조각풍을
엿볼 수 있다.

5. 고류지(廣隆寺) 목조보살반가사유상

고류지 목조보살반가사유상(162쪽)은 신라
가 623년에 왜에 불상을 보냈다는 『일본서기』
의 기록과 관련되는 상으로 추정된다. 당시 불
상은 신라계 출신인 하타씨(秦氏)의 씨사氏寺이
자 고류지의 전신인 우츠마사데라(하타데라)에
봉안되었다. 현존하는 고류지 불상 중에서 이
러한 정황과 일치하는 것은 이 상像 밖에 없다.
반가사유상은 신라 작으로 추정되는 83호 반
가사유상과 조형적으로 많이 닮았다. 당시 일
본의 주된 불상재佛像材였던 녹나무가 아니라

유메도노관음보살입상,
아스카시대 7세기 전반, 높이 1.8m,
호류지 유메도노
보살상은 조형적으로 백제와 친연성
이 있지만, 두광의 인동당초문은 고구
려 6세기의 강서대묘江西大墓에 그
려진 문양과 매우 닮았다.

신라에서 많이 사용된 적송赤松으로 만들어진 점, 일본 불상의 제작 기법인 여
러 개의 나무를 조합한 기목조寄木造(요세기즈쿠리) 기법이 아니라 하나의 나무
를 깎아서 만든 일목조一木造(이찌보꾸즈쿠리) 기법으로 제작된 점 등에서 신라
상像이거나 신라 장인과 연관된 상일 가능성이 높다.

6. 삼국과 관련된 또다른 불교 존상

목조보현보살입상,
하쿠호시대 7세기,
높이 83.9cm, 호류지

목조문수보살입상, 높이 85.7cm

보살상들은 문수보살과 보현보살이라고 특정할 만한 어떠한 기록도 남아 있지 않으나 호류지 금당의 금동석가모니불삼존상의 양 옆에 봉안되었다는 이유로 이렇게 명명하여 왔다.

　　호류지 6관음은 헤이안(平安)시대부터 가마쿠라(鎌倉)시대에 걸쳐 호류지 금당에 봉안되어 있던 8존의 보살상 중 현존하는 6존으로, 모두 관음보살은 아니다.　보살상들은 현재 관음보살상, 세지보살상勢至菩薩像, 문수보살상文殊菩薩像, 보현보살상普賢菩薩像, 일광보살상日光菩薩像, 월광보살상月光菩薩像로 명명된다. 보살상들은 2존씩 한 쌍을 이루어 각각 아미타불상(관음보살상과 세지보살상), 석가모니불상(문수보살상과 보현보살상), 약사불상(일광보살상과 월광보살상)의 양 옆에 봉안됨으로써 이렇게 불려진 것이다. 이들 보살상은 7세기에 백제에

금동보살반가사유상, 아스카시대 6세기 말
7세기 초, 높이 30.2cm, 나가노 간쇼인

금동불삼존상, 삼국시대 7세기 전반, 높이 6.4cm,
도쿄국립박물관

서 조성된 공주 의당면 송정리 출토의 금동관음보살입상과(89쪽) 조형적으로
닮았다.

　　이 외에 쓰시마(對馬島) 죠린지(淨林寺)의 청동보살반가사유상[19], 니가타현
(新潟縣) 세키야마신사(關山神社)의 금동보살입상, 나가노(長野) 간쇼인(觀松院)의
금동보살반가사유상[20], 도쿄국립박물관 오쿠라(小倉)컬렉션의 금동불삼존상
등도 백제에서 전래된 것으로 본다.[21]

19　大西修也,「對馬淨林寺の銅造半跏像について」,『半跏思惟像の研究』(東京: 吉川弘文館,
　　1985), pp. 305~326.

20　鄭永鎬,「日本觀松院 所藏 百濟 金銅半跏像-百濟 金銅佛 渡日의 一例」,『金三龍博士華
　　甲紀念 韓國文化와 圓佛敎思想』(원광대학교 출판국, 1985), pp. 1~22.

21　淺井和春,「寄贈小倉コレクショソ所收朝鮮三國時代の佛像について」,『Museum』
　　372(1982), pp. 18~28.

색인

한국의 불상 고구려·백제·신라 편

초판 1쇄 인쇄 2023년 7월 10일
초판 1쇄 발행 2023년 7월 20일

지 은 이 배재호
발 행 인 한정희
발 행 처 경인문화사
편   집 김윤진 김지선 유지혜 한주연 이다빈
마 케 팅 전병관 하재일 유인순
출판번호 제406-1973-000003호
주   소 경기도 파주시 회동길 445-1 경인빌딩 B동 4층
전   화 031-955-9300   팩   스   031-955-9310
홈페이지 www.kyunginp.co.kr
이 메 일 kyungin@kyunginp.co.kr

ISBN 978-89-499-6730-1   93220
값 18,000원